0才から100才まで学び続けなくてはならない時代を生きる

学ぶ人と

育てる人

のための

教科書

落合陽一

小学館

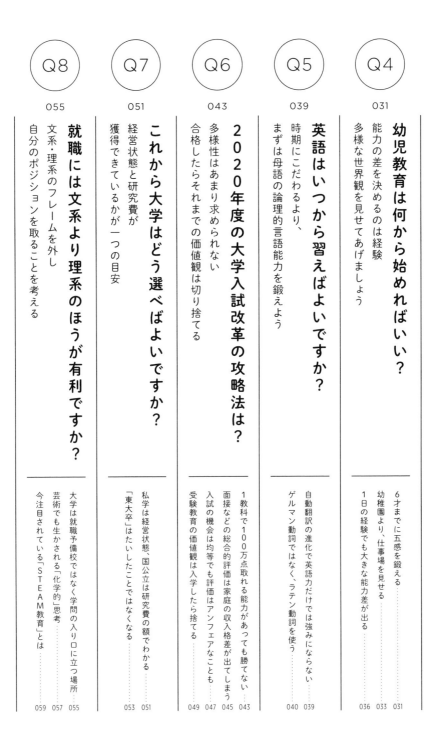

第2章 落合陽一はこう作られた・どんな教育を選び、どう進んで来たか、生成過程

第3章 学び方の実践例・「STEAM教育」時代に身につけておくべき4つの要素

言語

ロジカルシンキングとアカデミック・ライティング

物理

現象を五感で感じ「なぜ？」と考える

プロローグ

人生100年時代の「新しい学び方」とは

「人生100年時代」[*1]という言葉を耳にしたことはないでしょうか。

日本には現在、100才以上の高齢者が6万9785人います（2018年9月時点）。1980年の時点では、100才以上は全国に約968人しかいませんでした。この38年の間に約70倍にまで増えたことになります。

このまま医療が発達し、人間の平均寿命が年々延び続ければ、いずれ100才まで生きることが当たり前の時代が来ると言われており、日本政府はその予測のもとに、2017年に「人生100年時代構想会議」を立ち上げています。社会のあり方や、個人のライフスタイルに大きな変化が生じることは確定的で、政府は既に準備から行動へと動き出したところです。

人生100年時代が到来すると、これまでの「人生80年時代」から、その人生計画を根本的に見直す必要が出てくるでしょう。さらにIT化が進み、テクノロジーの進化が著しい時代になれば、社会の流行は数十年ごとに目まぐるしく移り変わり、人々の価値観も特性も大きく変わるでしょう。

これまでは、受験戦争に勝ち抜いて、偏差値の高い大学に入学し、一流といわれる大企業に就職することで、高年収のレールに乗ってしまえば安泰という人生のロールモデルがありましたが、現在は法人よりも個人の寿命のほうが長い時代です。これまでのような人生計画は、長さにおいても働き方においても意味をなさない時代になると思います。

では、これからの時代、若い世代や現役世代はどのように生きていくべきなのでしょうか。

重要になるのは、「新しい学び方」、そのための心構えを身につけることです。

それと同時に、教える側の保護者や先生にも、「新しい学び方」を伝えるための心構えが必要です。学ぶための戦術ではなく戦略が重要になるし、そこでは柔軟な思考訓練を常に行っていかなければならないでしょう。

僕自身、研究者として、メディアアーティストとして、経営者として、日々、学び続けています。また、学生や社員の人材育成について考えたり、さらに父親として子供の家庭教育に関わる中で、どうすれば学び続ける人を育てられるのかについて、考えるようになりました。

多くの学生を指導する中で、また様々な現場を経験する中で気がついたのは、結局、どんな状況にあっても楽しく学び続けられる人、前提を無視し、ストレスを感じず、常に柔らかな跳躍ができる人が強いということです。

人生は学校を卒業してからのほうが長いのです。そう考えると、学生時代を終えた後も、社会にいながら学び続け、学ぶことをライフスタイルとして、新しい知識を取り込めるか、新しい価値を提供し続けられるかが鍵になるでしょう。生活の中にどういった学びを取り入れていけるかを常に考えなくてはなりません。

この本では、人生100年時代において、どうすれば社会に出た後も学ぶ意欲を持ち続ける人を育てられるのか、という課題に対して、僕なりの提案をし、新しい時代の学び方について伝えられたら、という思いで筆を執りました。僕自身も親として子供を育て、大学教員として高校・大学の教育に携わる立場から、教育学でなく計算機科学を専門とする人間として、柔軟な目線で考えてきたことを書いています。

第1章では、子供の教育に関わる方、またこれから必要とされる能力を身につけたいという方に、ぜひ知っておいていただきたい、教育改革の現状と、今後の社会で求められるであろう能力の変化の予測について、理解しやすいようQ&A方式で書きました。

第2章では、僕が今の研究を始めるきっかけとなった背景を含め、幼少期から現在までをどのように過ごしてきたのか、学校や家庭での学びのあり方や、人生の岐路においてどんな選択をしてきたのかについて、ふり返ってみました。

第3章では、これからの時代に必要とされる「STEAM教育」を取り上げ、その中でも学校教育で抜け落ちがちな「4つの要素」の学びの手法について、家庭でも身につけられるよう、具体的な実践例をあげながら解説しています。

今までの僕の本よりも、平易な文章を心がけ、親子で一緒になって読めるように気をつけて作った本のつもりです。日本の未来を作っていく若い人々と、その親御さんが希望を持って未来を展望できるようにしていきたいと、一教員として、一父親として思っています。

平成という時代も幕を下ろそうとしている今、この本が、これから先も学び続けたいというモチベーションにつながり、本質的な学びの手法を身につけようとする人、今の社会の「学び」がつまらないとか、生きづらいと思っている人にとっての一助になれば幸いです。

＊1　**人生100年時代**　100才まで人生が続くのが当たり前となる時代のこと。リンダ・グラットンが書いたベストセラー『LIFE SHIFT――100年時代の人生戦略』（2016年）が世界中で話題になり、広く知られるようになりました。日本の政府も、人生100年時代を見据え、2017年から「人生100年時代構想会議」を開催。

第1章
Q&A

幼児教育から生涯教育まで「なぜ学ばなければならないのか」

Q1

子供に「なぜ学校に行かないといけないの？」と言われたら？

「学校に行くべき」という発想を変えてあげましょう

一定水準をすべて満たす人間にならなくていい

以前ツイッターで、「お子さんに、『なぜ学校に行かないといけないの？』と聞かれたら、どうしますか」という質問を受けたことがありました。その時、僕は次のように答えました。

『なぜ学校に行かないといけないの？』と聞くような子供に育てるつもりはないから、大丈夫です」

そもそも僕自身、大学で学生に教える立場にありますが、「学校＝必ず行かなければいけない場所」とは考えていません。義務教育であったとしても、人それぞれに合わせた学び方の選択肢が存在すべきだと思っています。

日本の学校は、ある一定の習熟可能年齢までに、ものすごい速度でたくさんのことを学習させるということに関しては、非常に優れています。世界を見渡してもこれほど識字率[*1]や、各初等教育の達成度が高い国はそうはないですし、まんべんなく多くのことを覚えさせ、すべての能力が一定水準の子供に育てるという意味では、日本の義務教育はよくできていると思います。しかし、僕は自分の子供をすべての能力が一定水準の人間に育てようなんて、1ミリも考えたことはありません。

もし「なぜみんなは学校に行くんだろうね」と聞かれたら、

「誰かに行きなさいと言われているのかな」

「その学校で研究したいことがあるのかな」

「なんとなく行かされているだけかもしれないね」

などと一緒になってその問題について考え、想像したりはするかもしれません。

ここで、「なぜ学校に行かないといけないの?」という質問について、もう少し深く考えてみると、実はものすごく本質的な指摘でもあることに気づかされます。

なぜなら、もうすでに、学校という概念が変わりつつある時代だからです。

たとえば、今、世界中から最も注目を集めている大学の一つ、アメリカのミネルバ大学[*2]は、教室を持たず、講義はオンラインで行われています。その独特な教育理念と、世界7か国のキャンパスを移動して行われるアクロバティックなカリキュラムが特徴の新設大学です。

この大学が目指しているのは、さまざまな課題を解決するために必要な「思考法」を身につけること。つまり、知識を教えるための大学ではなく、「考え方」を教える大学なのです。

今後もこうした旧来的なあり方から脱却しようとする大学が増えていくでしょう。もちろん、一定の水準に知識レベルを引き上げる現状の教育の効率のよさを、否定する気はありません。しかし、オンライン教育を含め、大学に対して新しい価値判断が求められる変革期だからこそ、それまでの常識にとらわれない価値判断が重要になるのです。

他にも新しい路線に舵を切ろうとする学校に対しては、「あんなやり方で長期的な学校運営はできない」と批判する人が出てきたり議論が頻繁になされています。

確かに現時点で未来の結果は誰にも保証できないので、課題が列挙されると議論は尻すぼみになり、改革案は否定されて、結局のところ現状維持にとどまりがちです。しかし、既存のルールを踏襲し続けることは、ルールを変えることと同様にリスクであるという自覚も必要です。何が上手くいくかわからない時は、小さなトライアンドエラーから始めるべきなのです。

さらに言えば、教育に関する国の指針についても10年後、20年後を見極め、その政策を誰が決定するのかということまで含めて、有権者である保護者はもっと関心を持つべきです。

一般家庭の家計にとって大学の学費は、奨学金を受けないのであれば、住宅費の次にくる高い買い物になるはずです（これは大学受験のための学費などの諸費用を含めます）。しかし、大学に行ったからといって、よい就職先が見つかる保証はないし、就職できたとしても、将来が安泰なわけではありません。進学先については偏差値や大学のネームバリューだけにこだわらずに、もっと広い視野をもって慎重に考えたほうがよいかもしれません。

一番かわいそうなのは「今受けている教育が一番正しい」「大学には何がなんでも行くべきだ」と信じ込まされている子供たちです。物事の価値基準は、場所によっても時代によっても変わります。未来永劫、絶対に変わらない価値はどこにも存在しないと覚悟した上で、「自分の頭でしっかり考えて判断しよう」と助言し、具体的な問いかけに落としてくれる大人が周囲にいれば、これからの環境の変化に動じない子供が育つはずだと僕は信じています。

もし僕が、大学に行く理由について聞かれたら、「研究がしたいから」と答えることでしょう。大学には個人レベルで揃えるのが難しい設備や人的資源が整っているからです。しかし、最近は企業のラボのほうが研究しやすい場合もあるので、その考え方も少しずつ変化しつつあるのでしょう。実際、僕の大学の研究室は、僕がCEOを務める会社と共同研究することによって運営されています。とはいえ、そういった場合を含めても、大学の研究室は他の組織に属することよりも、学びやすい環境であると思います。

「なぜ勉強しなくてはいけないの？」と聞かれたら？

「なぜ勉強しなくてはいけないの？」という質問に対しては、学校に行く理由とはまた違った観点で回答する必要があるでしょう。

僕は、勉強をする理由は、新しいことを考えたり、新しいことを身につける方法を学ぶためだと思っています。特定の勉強の内容そのものよりも、勉強し続けることを止めないことのほうが重要という価値観を持っているのです。

「学校の勉強なんて社会に出たらまるで役に立たない」とよく言われますが、その考え方の大きな間違いは、教育にある「コンテンツ」と「トレーニング」という2つの要素のうち、後者のもつ意味を正しく認識できていないことです。学校で学ぶ数式や漢字（コンテンツ）も大事ですが、それ以上に学習する訓練（トレーニング）を怠っていたら、社会に出た時に新しいことを学習する方法がわからずに、自分の経験を使えない人となってしまうのです。

何才になっても新しいことを身につけられるスキルはどうやって培われるのかというと、若い時にいかにたくさん新しいことを習得しようとしたか、それを実際の現場で使おうとしたか、つまりたくさん勉強し実践したかどうかだと思うのです。実際、たくさん勉強をした経験のある人のほうが、新しい物事を習得するのが得意ですし、覚えるまでの期間も短い傾向にあると思います。それは自分なりの学び方とアウトプットの方法を知っているからでしょう。

新しいことを学ぶ必要がある時に、「どう学ぶのが自分にとって効率的か」を知っていると非常に有利になります。そのためどうやってその状態に自分を持っていけるかを考えながら、常に勉強し続けることが大事になってくるのです。

これは、「いい大学に入るために勉強しなければならない」という現状の社会のルールや資格を前提とし無批判に受け入れた回答とは、まるで違う意味合いを持っています。

１００年時代を生きる子供を育てるには、親の世代も人を教える立場にある自分自身の価値観もアップデートしていかなければならないでしょう。なぜ学校に行かなければならないか、という問いへの答えは、子供とともに考え続けていかなければならないのです。

Q2

ディスカッションが苦手。どうしたらいい？

正解か不正解かではないので、反対意見も恐れないで

答えを出すことが目的ではなく、ディスカッションが目的

これまで主に、大学教育で用いられてきたアクティブラーニング[3]型の授業は、近年、高・中・小学校教育にも広まってきました。これは学生の参加への動機や、答えのない問題を考えるスキルを伸ばすという点で有効だと思います。

近代教育の授業は劇場型で、多くの生徒が壇上に注目するという形態をとっています。これはテレビを見ているのと似ていて、生徒の側は基本的に受け身でしかいられません。スマホや動画サイトであれば、視聴者は好きな時に一時停止できます。しかし学校の授業では、わからないところが出てきたり、集中力が切れたりしても一時停止できません。先生という装置は一つしかないので、クラス全員が好きな時に一時停止をしようものなら、授業が終わらなくなってしまいます。学校教育が始まった頃は、映像装置はまだありませんでしたから、こういう形態が効率的とされたのは無理もないことです。このように近代以降の学校の授業では、一人ひとりの多様性を犠牲にしながら、大勢の生徒に一度に授業内容を詰め込むためのスタイルが確立されてきました。

その点、アクティブラーニングを取り入れた双方向型の授業には意見の多様性があります。また、今は反転学習などの新しい手法にも注目が集まっています。

僕の大学の講義でも、ペアワークで話し合ったり、ディスカッションを取り入れています。その目的は答えを出すことではなく、多様な意見を導き出すことにあります。本来、学問に正解は存在しません。課題に対して自分なりの問いを立て、解決策を考え続けるのが学問です。ディスカッションを積み上げることによって、課題解決の方法を考え続けるという習慣を身につけることが大学の基礎課程だと僕は考えています。

ただし、ディスカッションやアクティブラーニングを多用した授業には、教える側のスキルが求められます。自ら問いを立てて、安易な正解を求めようとしない能力、課題解決に向けての調査方法の考案と、それを促進させることのできる指導力が必要です。また学生同士のディスカッションで議論が深まるような質問のテクニック。さらに、話題が横に広がった時にも対応できる、幅広い知識と経験が必要です。

意見を引き出す魔法のワード

そういったアクティブラーニングに期待できることの一つは、「質問力」の向上です。自分が気になることを正しく質問する能力。それはもちろん、何に対して疑問を抱いたのか、も大事になりますが、何よりも自ら課題を発見しようという心構えのあり方が重要で、それがないと大学に入っても自分のテーマが見いだせず、自分の得意とする専門性を身につけることや、じっくりとした研究ができない人になってしまうのです。

大学で講義をしていても、授業の一回目から積極的に声をあげる学生さんは少ないと感じます。キャッチボールに慣れてない子が多く見られるのです。僕が授業の合間に、「何か質問ある?」と聞いても手が挙がらない。「〇〇さん、どう思う?」と聞いても、「わかりません」と答える人が多いのです。間違えることは恥ずかしいと思っているのかもしれません。人と違う回答をすることはおもしろい、考えを深めるのに重要であるという発想がないのです。

これは小中高の教育の弊害だと思っています。近代の集団教育では、設問と正解を前提にした学習方法が基本で、唯一の正しい答えを導き出すのがゴールであるという価値観を刷り込まれます。そういった一回目の授業など生徒から声があがらないという状況を打破するために、僕はよく、ある魔法のワードを使います。

「これは、僕が今、思いついたことだから、正解はないんだけどね」

といった前置きをしながら聞くのです。「正解はない」。そうわかると、学生達は安心していろいろな意見を出してくれるようになります。

答えがわからなければ、思いきって人と違ったことや独創性のあることを言えばいいし、それも思いつかなければ、その場で考えたなりに少しでも正しそうなことを言えばよいのです。

先に述べたようにそもそも、学問に正解などありません。1＋1＝2という解答は二進法表記では成立しません。議論の前提が明らかな設問であれば、「それは違う」と言えることもありますが、議論のフレームが変化するディスカッションに正しい結論はないのです。

海外で講義をして、日本の学生と違いを感じる点はそこです。たとえば海外では講義をした後、ディスカッションをしていると、正解か不正解かは関係なく、誰もが何かを発言しようとします。質問されたら、自分の知らないことでも、正解がわからなくても、とりあえず、自分の考えを掘り起こして何らかの答えを返そうとする訓練ができています。仮に間違えたとしても、それは恥ずかしいことではないという共通認識があるのも大きな違いでしょう。

根拠ある反対意見はサンプリングになる

日本の大学でディスカッションをしていても議論が深まらないのは、他の人の考えと自分の考えを反芻しながら話を聞くという習慣が少ないからで、これは受験教育の弊害の一つではないかと僕は思っています。他の人の意見に対して、

「あなたの意見は理解できません」

と、常に自分のモノサシで計れないものを捨ててしまうのではなく、

「あなたの意見を聞いてこう考えたのですが、どう思いますか？」

というのがよい議論を育む態度なのです。双方向型の授業では、こうしたやりとりを学ぶことも大事になるでしょう。議論の場に同調圧力は必要ないのです。

正解か不正解かだけで判断する教育を受けていると、自分の意見に対する質問や別の意見は、すべて自分の意見を否定するものであり、その人への批判であると受け取ってしまいます。そ

して、否定されることを避けるため、多くの人が賛同してくれそうな意見を言おうとするようになります。これが同調圧力として人々を抑圧している面が大きいのでしょう。授業のたびに学生さん達の間の同調圧力が高いと思います。そういう気持ちの時は、反対意見は批判ではなく、意見のサンプリングだと考えればよいのです。「多様な考え方を拾い集める場である」と、自分に言い聞かせることが肝要なのではないでしょうか。

SNSを利用していて、そのマイナス面として感じるのは、自分の欲しい情報だけを見ていると、いつのまにか内輪のコミュニティの居心地のよさに充足して、他人からの批判を受けつけなくなってしまうことです。フィルターバブルにも共通する問題です。

僕の場合は、エゴサーチ[*4]のボットを組んでいるので、自分に言及しているツイートはすべて見えるところにありますし、批判的意見も含めて全部に目を通しています。僕が無視するのは、単に妬みだけで否定しているような、明らかに中傷したいだけの人です。その一方で、根拠のある批判や批評的な意見はありがたいし、議論ができそうな人とは、積極的に議論をしようと思っています。それによって自分の考え方が深まっていくのです。

日本人は友人と会った時に政治の話をすることが極端に少ないですが、そういう答えのない社会的な問いと建設的な議論を常に持ち続けることで、練習はいつでも始めることができると思います。まずは日々の生活の中で議論をしていく練習を始めることからではないでしょうか。

Q3

プログラミングの早期教育は必要ですか？

プログラミング学習が目的化されてしまっては無意味です

読み・書き・そろばん同様、プログラミングは必須のスキルになる

2020年度の教育改革[*5]で、プログラミング学習[*6]が小学生から必修となります。僕は、コンピュータサイエンスが専門でもあるので、文系・理系に関係なく情報産業への理解を深めるためにも、小学校で一斉にプログラミングを学習すること自体はよいことだと考えてはいます。

既に、インターネットを使って調べものをするといった学習は行われています。それに合わせてコンピュータの原理の一部であるプログラミングについても一緒に学んでいけばいい。これからのプログラミングは過去の「読み・書き・そろばん」と同じような学問の基本スキルの位置づけになるでしょう。

英語が苦手といっても、その簡単な表現や挨拶くらいは、日頃から何かしらの形で使っていますよね。英語は外来語として我々の日常生活に入り込んでいるので、ある程度は使えないと意思疎通できないからです。しかし、ご高齢の方の中には、「英語ってまるっきりわからないの」と英語そのものを全く受けつけようとしない人もいますよね。生活の中にこんなにも溶け込んでいるのに、使うことそのものを拒否してしまう。プログラミングがまるっきりわからないということは、将来的にはそういう立場になることを意味するでしょう。

プログラミングのスタートが早い人より、数学ができる人が有利

ただし、プログラミングの早期教育が、その後のプログラミングのスキルを生かしていく技能にどのくらい影響するのかといえば、それほど大きな因果関係はないと僕は経験上思っています。確かに、幼少期からプログラムが書けると、独力でできることは増えるでしょう。しか

し、プログラムの根本にあるのは「計算コスト」や「論理」や「計算手法」についての「数学」の考え方です。プログラミングの得手不得手に関していえば、早く始めた人よりも、数学ができる人のほうが有利になります。何行書けるかよりも、何行書くことを減らせるかが重要な世界だからです。そこが英語や楽器演奏の早期教育とは違うところだと思います。

プログラミングの技術は、常に新しいものが登場していて、それは初学者が習得にかかる時間を上回る速度で更新されています。今さしあたって使う機会がないのに一生懸命プログラムの言語や手法を覚えても、その手法は数年後には通用しなくなっているかもしれません。早いうちに勉強するなら、プログラムによる表現を根底で支える数学や物理、あるいは、審美眼を養うためのアートといった普遍的な学問のほうに力を入れて学んだほうがよいかもしれません。

たとえば、ボールが弾む現象をプログラミングする場合は、ボールを落とす高さや速度に加えて、どれくらいの重力加速度を持って、どんな床の反発係数で跳ね返るのかということを、ベクトルを使って記述し、コンピュータに指示を出さなければなりません。その場合、当然、数学や物理の知識が必要になります。

では、数学や物理ばかり勉強していればよいのかというと、そうではありません。

確かに、数学や物理は勉強すればするほど能力が上がります。自然への観察眼が育まれ、学校の試験でもよい成績が取れるでしょう。しかし、それだけで何らかの価値を生み出せるわけではありません。その知識や能力を、社会に役立つ価値を生み出す成果に変換するためには、どのように実装し、社会に問い続け、自分自身も最新の研究成果を学び続けることができるかがポイントになります。

複数の例題の組み合わせによって○か×の判断を求められるクイズ形式の受験数学よりも、何かについて調べながら、数式を使ってじっくり思考し現実の課題を解くといった問題の解決の訓練をしたほうがよいでしょう。論理的思考を養うことにつながります。

楽しく遊び感覚でプログラミングをすることで、数学の力も身につくという考え方の人もいるかもしれませんが、それはあまり期待しないほうがよいでしょう。僕が大学で教えている時、美大の学生がプログラミングで作品を作っているのを見ても、数学を覚える傾向をあまり感じません。数学によってプログラムの能力は育まれますが、プログラムが数学の能力を育むということはある一定のラインを超えると、少なそうです。ただし、プログラミングの楽しさを知ったことで好奇心が刺激され、まだ学校で習っていないような数学を勉強し始める、ということはあるかもしれません。つまり、プログラミングと同様に数学や物理の楽しさを学ぶことが僕は必要だと考えています。

子供にプログラミングを身につけさせたいという保護者の多くは、「プログラミングを覚えれば、将来仕事に困らないだろう」「ＩＴ業界に入れば高収入が見込めるだろう」といった前提で考えているのではないでしょうか。ＩＴ業界に関していうと、実際に価値が認められるのはプログラムを使って世の中に役立つシステムを作れる人です。つまり、プログラミングは手段にすぎず、問題解決の発想がなければ、手段だけあっても使い道がないのです。

もちろん、プログラミングは今後あらゆる分野で求められるスキルの一つであり、コードもある程度は知っておいたほうがよいでしょう。しかし、プログラミングはあくまでツールであることを忘れてはいけません。読み・書き・そろばん同様、それ自体が目的化してしまっては意味がないのです。

そういった訓練をしていく意味でもまずは、自分がやりたいことや解決したいことを少しずつ積み上げていき、それに対するアプローチの手段として、プログラミングを実践の中で覚えていくことが重要でしょう。その実践は、身の回りの課題を電子工作や、プログラミングで解決することから始まっていくのです。

Q4

幼児教育は何から始めればいい？

能力の差を決めるのは経験
多様な世界観を
見せてあげましょう

6才までに五感を鍛える

幼児期に鍛えたほうがよいのは五感だと僕は考えています。6才になるまでに人間の感覚器を刺激し鍛える体験を、まんべんなくさせたほうがよいと思います。目で見えるものや耳に聞こえるものだけでなく、肌で感じるもの、匂い、そして味までを含めた体験です。こうした五感を使って外界の出来事を繊細に感じとる力、たとえば音感や色彩感覚などは、[*7]幼少期や若年期にほぼ決まってしまうと言われていますし、年齢を重ねると感覚を磨くことが年々難しくなるのは、読者の方も経験があるのではないでしょうか。

味覚のセンスに関しても、家庭教育の影響は大きいと思います。僕は息子が手に取ったものを口に入れようとしても、飲み込んだ時に危険な物でない限り止めません。子供の本能は優れていて、体が受けつけないものは、吐き出すことが多いでしょう。

子供が好きな食べ物についても、実は大人の思い込みということがよくあります。たとえば先日、家族で外食した時、鱧《はも》が出たのですが、息子はすっかり気に入っておいしそうに食べていました。子供が好んで食べるようなものとは思っていなかったので意外でしたが、先入観にとらわれずいろんな経験をさせてみるものだと感じました。

子連れで入りやすい場所で外食しようとすると、どうしてもファミリーレストランのようなお店になってしまいがちです。そこで親がステレオタイプにはまっていると、いつもお子様ランチのような〝子供向け〟を想定したメニューばかりになり、それ以上の味覚には出会えないかもしれません。子供の感覚を育てるためにも、大人の都合や先入観で体験の機会を狭めないようにしたいものです。これは食に限らず、五感すべてに共通する話だと思います。

幼稚園より、仕事場を見せる

僕は子供を幼稚園や保育園に無理に通わせる必要はないと思っています。

それは幼稚園教育を否定しているからではありません。ただ、幼稚園では集団行動が中心で個別の対応でも管理コストが限られるので、協調性を学ぶことが優先させられる場合がどうしても多くなります。五感をフルに使って、やりたいことをやりたいだけ体験させたいと考える僕としては、全員に均等で必要十分に与えられる標準化された教育よりも、子供に合わせて個別にカスタマイズされた教育を選びたい。僕は今は一人ひとりの個性に対応できる時代だと思っています。

さらに付け加えると、時代とともにアップデートしなければならない要素を敏感にキャッチアップし、柔軟にシステムを変えたり、新しい価値観を提示してくれるような、頭の柔らかい先生に教えてほしい。しかし、残念ながらそうした教育をしてくれる幼稚園は非常に少ないでしょうし、自宅から通わせられる範囲で見つけ出すのは現実的に難しいでしょう。

僕自身は幼稚園にも通っていましたが、並行して毎日さまざまな分野の家庭教師が自宅に来てくれていました。このことについては、第2章で詳しく書きますが、自分の子供にも、子供が興味のある分野に関して秀でた能力を持つ専門家に家庭教師をお願いしたほうがよいと思っています。正課と課外授業のバランスを常に意識することが大切でしょう。

贅沢なことのようですが、最近は小学校受験のために、幼稚園に加えて、たくさんの塾や習い事に通わせている家庭も多いでしょう。それと比較すると、たとえば学生さんに家庭教師を毎日お願いしたとしても、コスト的にはそれほど変わらないかもしれません。人とつながるコストは下がった今、大人がそれをどう活用できるかです。


また、時間や状況が許せば、僕は仕事場や出張先に子供や家族を連れて行くようにしています。幼稚園に通うのと比べて、同世代の子供と過ごす時間は短くなりますが、それとはまた別の刺激があるはずです。

僕が演出した「落合陽一×日本フィルプロジェクト」[*8]というコンサートの会場に息子を連れて行った時は、舞台裏でオーケストラの皆さんにかわいがってもらっていました。楽屋でトロンボーンを見たり聴いたり、目の前でいろいろな楽器の音を比べさせてもらったりして、息子は目を輝かせていました。こうした機会は子供にとって、まさに五感を刺激する貴重な経験になります。コンサートや展覧会、寺院や伝統工芸の製作現場、海外出張にも一緒に連れて行くことで、いろいろな世界に触れさせたいと思っています。

できるだけ早いうちから子供の世界の外側にある領域を見せてあげることは、小学校以降の義務教育期間を過ごす上で、きっとよい影響を与えてくれるでしょう。

幼稚園や小学校の中が世界のすべてと思い込んだまま育ってしまうと、学校が合わなかったりいじめられたりした時に、世界の終わりであるかのように感じてしまうのではないでしょうか。僕は子供には、できるだけ多様な世界観を体験しながら育ってもらいたいと思っています。

友人で写真家の蜷川実花さん[*9]とご飯を食べていた時にしてくれた話なのですが、お父様の蜷川幸雄さん[*10]がご存命の時には、お子さんを楽屋によく連れて行って遊んでもらっていたそうです。世界的な演出家の楽屋で過ごす時間を想像してみてください。そこで出会う人達から受ける刺激は、幼稚園の中だけで過ごしている子供とは全く違っているはずです。他のクリエーターの友人にもそういう人達は多いです。

それは誰にでもできる経験ではありませんが、親の人脈を生かした学びは誰にでもできることです。お金をかけて高尚な作品を見せることが重要というよりも、親がおもしろいと思うものや得意なことを、子供にどれだけ見せてあげることができるかという観点が大事なのです。

親が美術に興味もないのに、子供を無理に美術館に連れて行こうとしても、子供は楽しくありません。それならば、自分の職場を見学させたり、所属するコミュニティに連れて行ったり、自分の趣味や得意にしていることを一緒に楽しんだほうが、よほどよい経験になるはずです。

そこでは子供に自信をもって語れることがあるし、質問されても答えられることがあるわけですから、子供の好奇心を刺激し、世界を広げることにつながるはずです。親が夢中になっていることを子供はよく見ていると感じています。

1日の経験でも大きな能力差が出る

幼児期から子供にさまざまな経験をさせてあげたい一番の理由は、人間の能力の差の大部分は、経験によってもたらされると僕が考えているからです。

人間が持っている基本の能力にはそれほど差がないと考えています。ものすごく処理能力が高い人でも、せいぜい他の人よりも2倍か3倍程度でしょう。しかし、経験を含めた能力差は人によって大きく違います。こういった経験を生み出すものを文化資本と考えることができるでしょう。文化資本は、教育に金銭的コストをどれだけかけられるか、だけでなく、大人が自分の持ちうる知識やネットワークをどう活用するかで決まるのです。

子供がその場でしか経験できない個性的な体験を積み上げていけば、それはいずれ大きな能力差となって表れてきます。

たとえば、美しい器を作る職人の子供がいるとしましょう。親の仕事を間近で見ることで、その子供は自分でも技術を学ぶでしょうし、その器を買いに来るような文化資本の高い人達とつき合う機会も生まれるでしょう。高価な器を使うような料亭に作品を届けに行ったり、その器を好む日本舞踊の先生に舞踊の話を聞く機会もあるかもしれない。

これはまさに、本物を知る人たちの中で、本物の香りを嗅ぎながら育つことで、本物のアートの感性を磨いているのです。後で1億円を出してもこういう感性はすぐには手に入らないわけですから、こういった生の経験は非常に価値が高いことなのです。

優れた見識をもち、広い交友関係をもっている両親の家庭で育った子は、モチベーションさえあれば、両親の年収の多い少ないに関係なく才能を伸ばしていけることでしょう。

親に連れられた先で、貴重な経験に興味をそそられて刺激を受ける。そうやって感性を磨いている子がいる一方で、朝から晩まで部屋に閉じこもって新しい経験を得られていない子もいます。それが何年も積み重なれば、経験値の差は2倍3倍どころではないでしょう。「普通」や「標準」にとらわれず、親が夢中になれることを伝えるのが大切だと考えています。

生来の能力にほとんど差がなくても、こうした経験によって育まれ、後天的に付加される能力は、後に非常に大きな差となって表れてきます。ベースとなる能力は1日ではそれほど伸びませんが、経験は1日だけでも大きな収穫があります。それが日々積み上がっていくことを考えれば、子供にはできるだけいろいろな経験をさせたほうがいいに決まっています。

確かに、経験によって身についた能力は、分野的に偏りが生まれることもあります。しかし実は、この「偏りがある」ことこそが、これからの時代においては価値が高く重要なのです。教育によって身についた能力は標準化されているため、社会の中では埋もれてしまいがちです。それに対して「自分はこれがやりたい」と望んで経験を積んだ結果得られた、偏りのある能力は、そこに持続的なモチベーションが加わることで、かけ算となって100倍、200倍の成果として表れてくるのです。

Q5

英語はいつから習えばよいですか?

時期にこだわるより、まずは母語の論理的言語能力を鍛えよう

自動翻訳の進化で英語力だけでは強みにならない

[*11]2020年度以降、小学校高学年で英語が教科化されます。国際化が進む社会に備えて、子供を小さいうちから英語塾に通わせたり、バイリンガル教育を行っている家庭も多いでしょう。確かにますますのグローバル化によって、英語を使う機会は増えるでしょう。早いうちから

英語の読み書きや英会話ができるに越したことはないかもしれません。その一方でコンピュータの自動翻訳機能もかなり使えるようになってきており、最近ではビジネス用途の英語は、「Google翻訳」でほぼ問題なく翻訳できます。音声においても文章においても、その精度は今後ますます向上するでしょう。ツールとしての言葉の相互変換性は高まっていくと思います。

そのような自動翻訳によるコミュニケーション技術の進化によって、英語力があるだけではそれほど大きな強みとは言えなくなります。それよりも大事なのは、言葉の壁を越えてでも伝える価値のある内容を持つこと。そして、コンピュータが翻訳しやすい話し方や文章の書き方を母語で覚えたり、そういったスタイルの言語の使い方があることを理解することです。

複数の意味にとれるような曖昧な言葉を使わない。主語・述語を意識した論理的な構造で文を作る。こうした母語の論理的言語能力に加え、自分の考えを持ち、それを明確に伝える能力こそ鍛えるべきです。

ゲルマン動詞ではなく、ラテン動詞を使う

僕が英語を使う時に心がけているのは、できるだけゲルマン語系[*12]の動詞を使わず、ラテン語系[*13]の動詞を使うこと。「get」「have」「take」などのゲルマン語系の動詞を使うと、言葉の意味

があいまいになりがちです。ラテン語系の動詞は意味が文語的に決められているので、誤解なく伝わりやすい。それから、なるべく短文で切ること。副詞や意味のない受動態、逆接続などを用いないことです。

これは日本語でも同様です。第3章でアカデミック・ライティングについて述べますが、一文が長すぎたり、曖昧な単語を使った文はわかりにくい。アートや文学的表現の場面は別として、まずは意味のはっきりした単語を意識して使えるようにしましょう。何が何でも英語の早期教育を、と先走る前に、まずきちんとした母語が話せたり、書けるようになることが大事なのです。

ただ個人的には、英語をネイティブに話せる人は、会話の中で「Cool!」という言葉の使い方が上手だなと思います。よい相槌《あいづち》のタイミングが上手い。「Excellent!」「Marvelous!」「Exactly!」といった、相手を肯定する言葉の使い方が絶妙でうらやましいと思う時もあります。これらの単語には会話の間で働く独特のリズムがあります。日本語の「ですよね〜」や「その通り」と同じ感覚でしょう。

しかし、英会話のリズムを身につけたところで、英語のロジックが身につくわけではありません。大事なのは、英語を使って何をするかということ。プログラミングと同様に、英語ができるだけでは意味がありません。それよりも重要なのは、自分の考えをロジカルに説明して、ロジカルにシステムを作る能力なのです。

ちなみに、僕が将来息子に習わせたいと思っている言語は、中国語とロシア語です。ただし、これは母語並みに話せるようになることを目指すのではなく、多様性を学ぶことが目的です。中国語を知ると、漢字のルーツがわかるようになります。ロシア語は発音がかなり変わっていて、音声的な語感のバリエーションがものすごく豊富です。息子は最近、YouTubeで他言語の番組を集中して見ていて、日本語以外の言葉の響きに興味をもっているみたいです。映像を通して世界を見る世代の言語的な先入観のなさに期待したいと考えています。

Q6

2020年度の大学入試改革の攻略法は？

多様性はあまり求められない合格したらそれまでの価値観は切り捨てる

1教科で100万点取れる能力があっても勝てない

2020年度[*14]から始まる大学入試改革の特徴を簡単に言うと、学力の測り方が変わるということです。現行の「大学入試センター試験」[*15]に替わって、「大学入学共通テスト」[*16]が導入され、その新テストでは、国語と数学で記述式問題が導入されます。また、英語がこれまでの「聞く」「読む」という2技能評価から、「読む」「聞く」「書く」「話す」の4技能評価になり、資格・検定試験を活用することが検討されています（2018年11月現在）。[*17]

これまでの知識重視型から、思考力・判断力・表現力を重視して評価する方向への転換です。採点管理する大学側からすると教員の負担が増えるので、研究に割く時間が減ってしまうのではないか、という点では心配もありますが、方向性としては悪いことではないと思っています。

今後はセンター試験型のペーパーテストの必要性そのものについては、もっと議論すべきではないかと思います。なぜなら、センター試験や、出題範囲の決まった大学入試があることで、それに合わせて高校のカリキュラムの教え方や学生さんのマインドセットが決まってしまうからです。現在のセンター試験型の受験方式は科目が多すぎると思います、しかも、すべての科目で平均して高得点を取らなくてはなりません。

これは中学受験や高校受験についても言えるのですが、現状の受験システムではどの教科もまんべんなく点を取れる人が有利にできているので、ある特定の分野だけが得意な人にとってはかなり不利なのです。残念なことに、今回の入試改革でもその原則が大きく変わることはないでしょう。

人類全体にとって本当に役に立つ人は、国語、算数、理科、社会の4教科ですべて100点を取れるタイプよりも、3教科では1点しか取れないけれど、1教科だけは100万点を取れる能力があるタイプではないかと僕は思っています。ところが、現行のテストには100万点の配点はなく、それぞれ最大100点までしか取れません。結果その人の合計点は103点にしかならず、すべての科目で50点しか取れない合計200点の人にも勝てません。しかし、100万点を取れる教科がある人は確実にその道ではエリートです。つまり、平均してそこそこ点数を取れる人のほうが有利にできているのが今の受験システムなのです。

こうした視点から考えると、大学や学部の試験する側は、多用な人材確保のためにどういった傾斜配点[*18]にするかや、入試自体の方法を多様にするかが非常に重要になってくるでしょう。

面接などの総合的評価は家庭の収入格差が出てしまう

センター試験などのペーパーテストの利点は、家庭の収入格差がそのままの形では出にくいことではないでしょうか。

2020年度からの大学入試改革では、各大学の個別試験において、学生を「多面的・総合的」に評価することが求められています。そして、各大学の必要性に応じて、一般選抜でも、調査書や志願者の活動報告書などを積極的に活用するように促しています。

子供の能力をペーパーテスト上の学力だけでなく、総合的に見て判断しようと言われると、一見とてもフェアな試験であるかのように思えます。しかし、入試に総合的判断を持ち込むことで、これまで以上にアンフェアな入試になってしまう可能性もあります。面接や、文化教養に関する小論文で評価するならば、その子の人生経験、各家庭の収入格差が如実に出てしまうように思います。これは過去の日本社会であれば、それほど問題視されなかったかもしれませんが、格差が拡がりつつある現代では大きな問題となるでしょう。

たとえば、面接で「あなたの高校生時代の思い出は?」と聞かれて、「一流の音楽家にピアノのレッスンを受け、夏休みにはサンフランシスコに行ってベンチャー企業でインターンした後、シンガポールで金融トレーダーに弟子入りしました」などと答える学生がいるとしましょう。当然、一般の家庭ではそんな経験はさせられません。せいぜい「運動部で活躍しました」とアピールするのが関の山でしょう。どちらが、今回の改革の趣旨でもある「主体性を持って多様な人々と協働して学ぶ態度」を持ち、かつ「教養豊かで、幅広い経験を持ち、最先端の知識・技術を学ぶ素地を持っているか」といえば、前者と判断する大学は多いはずです。もちろんそれは人間としてどちらが素晴らしい人格を備えているかという話とはまた別だということは肝に銘じておいていいでしょう。

つまり、総合的な評価では、子供の育った家庭環境で大きな差がついてしまうのです。

その点、ペーパーテストの場合は、人間の一元的な性質によって能力を測ろうとしているので、学ぶ時間さえ確保できれば格差はそれほど生まれないように思います。

入試の機会は均等でも評価はアンフェアなことも

大学入試は、誰でも受験できるという意味で、機会は均等にあります。その一方で、評価基準によっては、誰にとっても公平な結果が出るわけではないという問題意識を、常に頭の片隅に置くことも大事なのではないでしょうか。試験は公平であるべきだというのが今の日本での一般的な考え方です。しかし、アメリカのハーバード大学やスタンフォード大学、イギリスのケンブリッジ大学などの有名大学は、入学の入り口をたくさん用意することで多様性を担保しています。機会をフェアにする以上に学生の多様性やバランスを重視する入試制度を採用しています。彼らの場合は、収入や家庭環境も一つの個性であり、多様性の表れであると考え、多人種の受け入れを促進したり高額な寄付ができる家庭の子供を優遇したりもするのです。今後、いっそうグローバル化が進んでいく中で、日本の入試制度がこうした考え方に影響を受けないとは限りません。

教育の側で家庭環境の格差を是正することは非常に困難です。高収入で豊かな経験をもった人が増えると社会はよくなるという見方もありますが、その一方で、格差が広がるほど社会がいびつになるのではないでしょうか。また、入試で重視されるパラメーター[19]を、学力や上流家庭育ちのみが享受しうる経験や教養に限定すると、結局似たようなバックグラウンドの人しか集まらず、ダイバーシティという点では不均衡になるでしょう。

フェアな入試制度というものがどういう意味を持つのか、日本という国は今後どちらの方法を選ぶのか、改めて考えてみる必要がありますし、そういった議論は様々な場で行われるべきです。こういったことに対して、大人が議論を建設的に重ねていくことで、教育のあり方は更新されていくのだと思います。

個人的には、入試制度そのものにもっと多様性があってよいと思います。公平性を重視した入試と、エリートを選抜するための入試。さらに、学力評価だけが基準となる入試に加え、何割かは、学力以外の要素で選ぶといった幅の広さが選択肢としてあってもよいと思います。意外にもそうした多様性のある入試のほうが、高い精度で天才が選抜されるのではないでしょうか。今後は、偏差値のみでランク付けされる世界ではなくなっていくと思います。

それでも公平性が問題になるのであれば、入試を1度限りではなく、2、3回にすればよりフェアな制度になるのではないでしょうか。

筑波大学では、AC入試[20]（アドミッションセンター）や国際バカロレア入試を含め多くの入試制度があります。専門性、たとえばプログラミングの能力の高さや論文の執筆能力などで合否を決めるのですが、この入試で入学した学生はとても優秀です。彼らを見ていると、バランス型の入試では測れない能力があるのだなと、改めて感じています。

受験教育の価値観は入学したら捨てる

いずれにせよ、大学受験を突破するための教育は、大学での学び方とは全く異なります。入試に勝つための戦略なり攻略法が、学問の価値だと思い込んでいる学生は、大学に入ってからほとんど伸びません。

大学入試で力を発揮すること自体はよいのですが、入試が終わった瞬間に、それまでやってきた価値基準をシフトできる人のほうが道が開けるように思います。これまでずっと受験勉強が重要だと言われていたのに、入学したとたん大学受験的な価値観を捨てるべき、などと言われると支離滅裂のように聞こえますが、今の小中高と大学の接続を考えると最適解になりつつあると思います。ゲームと割り切ったほうが高得点が取れるケースもあるはずです。ここで捨てなくてはいけないのは入試に関する価値観だけです。価値観以外の知識や、設問の意図を瞬時に読み解く力や、計算を速く解ける演算性能、受験に耐えうる健康的身体といったものは捨てる必要はありません。試験でよい点数を取ることがすべてという近代教育的な価値観だけを捨てるのです。今の時代は便宜的にペーパーテストのような一律評価の方法を採用しているだけで、その良し悪しや学び続ける能力に関係するかは自明ではありません。僕は当初、東京大学を目指していましたが、受験に失敗し、筑波大学に入ることになったので、それまでの自分が経験してきたロジックや進学校の哲学が今後通用しないということを入学時点で理解していました。僕の場合、得意な分野と苦手な分野に大きな偏りがあるので、結果、それが正解だったと思っています。つまり、今まで自分がやってきた業界と全く違う業界に行くという視点を持つことで、今までの自分のロジックは成立しないし、捨て去らなければならないと納得できました。

それまで積み上げてきた価値観を捨てるには、それまでの自分にこだわらない姿勢が大切でしょう。現代の大学受験では多様性はほぼ求められません。その一方で、大学入学後は非常に多様性のある価値観に向き合い、それぞれ適合していかなくてはなりません。すべてを忘れて大学受験に打ち込める一方で、大学受験が終わったら大学受験的な価値観とはきっぱり決別し、先鋭的で多様性のある価値観にシフトできるような、柔軟性の高い人が現状の歪な環境では大きく成長するのです。僕はこの歪な環境を直そうと日々、努力していますが、小中高大の現状を鑑みるに、あと十数年はかかるように思います。それがゆえに、大学入試に関してはマインドセットを柔軟に整備し、対処療法しかないのではないかと思っています。

Q7

これから大学はどう選べばよいですか？

経営状態と研究費が獲得できているかが一つの目安

私学は経営状態、国公立は研究費の額でわかる

大学を選ぶ時の一番簡単な基準は、大学の経営がうまくいっているかどうかです。

特に、私立大学を選ぶ上で重要になるのが、経営の健全性です。優秀な教員を、高い給料で雇えており、成果が上がっているような大学は安心です。たとえば、明治大学や近畿大学は非

常に経営がうまくいっているように僕には見えます。

国公立大学の場合は、運営費交付金の金額と研究費を豊富に持っているかどうかが一つの指標になります。文部科学省から配分される科学研究費補助金[*21]（科研費）を参考にするとよいでしょう。毎年、科研費の獲得ランキングが公表されるのですが、この科研費の獲得ランキングが高い＝科研費を多く受給しているということになり、結果を出していて研究に力を入れられる大学であるという根拠になります。

また、大学の研究を事業化している大学であれば、その収益状況を見るのもよいでしょう。たとえば、知的財産（ＩＰ）で収益が出ているかなどです。それができているということは、実用化に資する研究分野で優秀な教員が揃っているということであり、事業化がうまくいっていないということはその逆を意味します。エンジニアリングを考える上ではこういう見地も重要な評価指針になるでしょう。

筑波大学の山海嘉之教授[*22]は「サイバーダイン」という企業のＣＥＯでもあります。国立大学の教授でかつ、現役の上場企業の社長という人は彼以外にいません。東京大学や京都大学にも優秀な教授は多いのですが、東京大学は各部局の内規や慣例で教員は社長になることは少ないように見えます。現役の上場企業の社長から学ぶ経営哲学は、まさにリアルな技術経営に則したものでしょう。そういった事例を持つ大学は、手前味噌ではありますがMBA[*23]を取ることのメリットは大きいかもしれません。

また、科研費獲得ランキングでは東大が1位ですが、多額の研究費を集めている教授は地方大学にもたくさんいます。その教授の下で学びたいという分野があれば、大学名や大学の偏差値にこだわらずに志望するのもよいと思います。これは、順位付けや合計値では測れない価値です。

研究者の世界では、学士の学歴など誰も気にしません。2015年に、素粒子ニュートリノが質量を持つことを発見し、ノーベル物理学賞を受賞した東大の梶田隆章教授[*24]は、埼玉大学理学部出身で、その後、東大の大学院に進みました。学部教育と研究教育が異なるよい例です。国際的にみても重要なのは、どの大学を卒業したのかではなく研究結果であり、研究内容のインパクト、社会的貢献度なのです。

「東大卒」はたいしたことではなくなる

今後15年くらいで大きく変わると考えられる価値観の一つが、学士卒[*25]を過大に評価する風潮だと思っています。日本では最も難しい入学試験を突破した東大卒の人が、学歴のヒエラルキーにおいてはトップのイメージがありますが、国際的には、東大の学士卒の人よりも明治大学卒でＰｈ．Ｄ．[*26]（博士号）を持っている人のほうが国際社会での研究ブランディング的には有利です。学歴的には最終学歴の高い後者のほうが上ですし、それは課程が長く、研究している時間が長いのですから当然のことでしょう。これまで日本では勘違いされがちだったのですが、最近の風潮から見ても、こうした誤解はおそらくこの十数年以内に是正されるでしょう。

　しかし、最終学歴であるＰｈ．Ｄ．をどの大学で取るか、とりわけ師匠が誰かは比較的重要で、可能であれば優秀な博士指導能力のある先生の下で取得したほうがよいとは思います。その理由は、研究費と指導教官の違いで、東大やハーバード、ＭＩＴなどの名門大学には多くの場合、潤沢な予算があり、有名な教員が多いからです。

　結論として大学を選ぶ場合は、経営の健全性を目安に、通いやすいか、教わってみたい先生がいるか、他大学にはない特色があるか、といった要素を鑑みながら、自分にとって最適と思える大学に行けばよいのではないでしょうか。学部教育と大学院教育が異なることを念頭に置いてください。これから大学を目指す人には、「よい先生に教わって、よい論文を書いて、Ｐｈ．Ｄ．を取ろう」とアドバイスしたいと思っています。

Q8

就職には文系より理系のほうが有利ですか？

文系・理系のフレームを外し自分のポジションを取ることを考える

大学は就職予備校ではなく学問の入り口に立つ場所

結論から言うと、興味があり、やってみたいと思える研究分野があるほうを選ぶべきです。何を研究すべきか、何の専門家になりたいのかがわかっている人は、それだけで自分の選択肢、何らかのポジションをとることができます。

何となく人気がありそうで、安全に思える進路を選ぶという発想は、近代における生存戦略としては有効でした。それは、社会構造的に集団戦で生きることが中心だったからです。

しかし、これからの社会において、それはあまり意味をもつ戦略ではないかもしれません。確かに、数の論理に依拠して人気のある分野を抑えることが、テレビをはじめとするマスメディアコミュニケーションの時代では有利でした。しかし、他人軸で自分の行動を判断するような生き方では、物事の本質を見抜くような知見は得られません。IT技術の発展によって限界費用と限界効用が変化し、新しい平衡点が生まれ労働より資本の投資が重要になるこれからは、新しい価値観を呼び込み価値を蓄積可能なニッチなものにこそ価値が認められる時代でしょう。つまり、大衆迎合的な方向へ流される人は相対的に弱くなるわけです。

小学校から高校までの教育では、既存の評価機構から優良な判定を下され、先生にほめられることに価値があるとされてきました。しかし、評価基準を自分で作り、その研究の価値を実証や考証の力で認めさせるのが大学のアカデミズムの世界です。大学の研究教育では、誰かにほめられたいという動機は横に置いて、自分がやりたいことに向かって行く姿勢が何よりも求められます。そういう学生をどれだけ育てることができるのか、これは大学に求められている大きな役割でもあります。

僕は今、大学教育に携わる側の人間として、大学を就職予備校のように捉えている人がいることを、とても残念に感じています。

芸術でも生かされる「化学的」思考

自分のことを文系だ、あるいは理系だと割りきってとらえている人は多いですが、そのほとんどは思い込みにすぎないと、僕は教員として感じています。最初から、どちらもやっておけばよいし、両輪を回しながら進めていけばよいのです。

理系と文系の分断は大学受験のシステムの弊害なのですが、中学受験や高校受験を経て進学校に進んだ人は、すべての教科をまんべんなく勉強してきたはずですし、算数も国語もそれなりに成績がよかったはずです。それなのに、高校に入って文系コースを選ぶと、大学受験に必要ないので数学や化学の勉強を一切しなくなる、これは本当にもったいないと思います。

これから必要とされるのは、文系・理系というフレームを外して、歴史的考証や物理・数学を駆使しながら自分で何らかの価値を生み出すことのできる人です。そこでは分野横断的・多元的な解釈と批判的思考に基づいた創造性が求められます。「理系はわからない」「文系は苦手」と切り捨てずに、どちらも勉強しておいたほうが考えの幅が広がっていくのです。どちらか一方という選択と思い込みは長い100年の人生で足かせになります。

文系・理系の区分と同様に、よい大学に入れば、よい企業に就職できて、安定した生活が送れるという近代的な価値観は、産業構造の変化・ポストものづくり社会への移行によって大きく変わりました。コンピュータシステムの知的生産能力や処理能力は、そう遠くないうちにある程度人間を超えていくでしょう。その中で専門性はないが学歴だけがある、何者でもない汎個性的な人の価値は下がっていくでしょう。その時、人間が最適化されたＩＴシステムの枠を飛び出すのに必要なのは「これをやりたい」という内在的な、そして強烈なモチベーションです。実社会の問題とシステムを用いて解決していく仕事はより増えています。

伝統工芸の職人さんを見ていると、文系・理系のどちらの感覚も備えているように感じます。陶芸などはアート的な要素が強いように思われますが、実は化学および数学的な知識が必要です。

窯の構造から焚き方を計算し、想定した色を出すにはどの釉薬をどれくらい調合すればいいか数式を使って判断することもあります。さらに、実際の窯焚きで上手に焼きあげるためには、何度まで温度を上昇させ、窯の中のどの位置に置けば絶妙の色合いになるかまで考えなければなりません。芸術性を高めるためには、感覚や勘だけに頼らずに、製造過程を化学的・物理的現象として考察したり、データを集めたりして、トライ＆エラーを繰り返した経験から、最適解を割り出している場合も多いのです。それは、明文化されていないサイエンスでもあり、アートでもあり、文理芸術の不可分な知的生産活動です。

今注目されている「STEAM教育」とは

教育界で、STEAM教育の重要性が語られています。STEAMとは、Science（科学）、Technology（技術）、Engineering（工学）、Mathematics（数学）、そしてArt（芸術）の頭文字を合わせたものです。

2013年にオバマ大統領がアメリカの重要な国家戦略として、STEM教育を支援する[*27]という演説をしたことで大きな話題となりました。AI時代にこそ、想像力・感性が重要になるという視点から近年、STEM教育にArt（デザインを含むアート）を加えたSTEAM教育が注目されるようになりました。このSTEAMに関しては、その中でも特に重点的に学ぶべき要素について、第3章で具体的に紹介します。

AIやロボットとともにシステムに組み込まれる「使われる側」の人間になるのではなく、これからの時代に必要とされる教養を身につけ、創造性を生かしながら、新たなシステムを創造し、AIや人的リソースを「使う側」として活躍するための教育が、STEAM教育であると言われています。

僕としては、社会の中の機能的な位置づけとして、アートとサイエンスは比較的近いと思っています。アートとサイエンスは、何かを探求するプロセスです。それに対して、エンジニアリングやデザインは、何かを合理化して生産するプロセスです。そして、テクノロジーはその手段となるものです。つまり、アートとサイエンスによって着眼点が生まれ、エンジニアリングによって設計図が書かれ、テクノロジーという工法を使い生成される、それがＡＩ時代のものづくりの新たな仕組みとなるのです。システムと実課題の間を取りもつ人材の価値は高まっていくでしょう。

そういう意味でも、ＳＴＥＡＭ教育と現在の日本の教育制度のギャップの一つは、大学受験によって、高校の段階で文系と理系に分けられてしまうことです。もちろん、それぞれの教科は学問の基礎として重要ですが、これからは教科を超えた総合力が問われるようになってくるでしょう。今日では、学ぶ上でも就職においても、文系・理系で分けること自体が、時代に沿わなくなってきています。自分の可能性にフタをせず、分断を横断して学び続けることが重要なのです。

Q9

20代前半までに身につけておくべきこととは？

ロジックでは解決できない佇まいで判断する力を研ぎ澄ませて

明確な数値で説明できないものもある

ロジックは大事であると前述しましたが、ロジックがすべてではないという視点も、実はとても重要です。

僕の友人に、串野真也[28]さんというアーティストがいるのですが、彼は自分の気に入った骨董品を購入した時、窯元に出向いて鑑定してもらったことがあるそうです。その時の鑑定の結果、本物ではないと言われてしまったそうです。彼はプロの鑑定方法が気になり、「どのような基準で鑑るのですか」と尋ねたところ、「佇まいですね。佇まいが違うので、本物ではないのです」と言われたそうです。そういった熟練のプロに言わせれば、大体のものは、佇まいで決まるというのです。外見の佇まいによる判断は、一見するとあやふやであり、ロジカルシンキングの発想からは絶対に出て来ないでしょう。

しかし、世の中にはロジックや数値で説明できることもあれば、できないこともある。そして、後者については熟練のうちに共感可能な佇まいで判断できるということも大事な指摘なのです。定量的な数値や論理ではとらえられないトレーニングによる暗黙知の価値がこの世界には存在するという認識を持っているだけで、物事の見方はずいぶん変わってきます。

「ヤムチャになるな」

僕はよく学生に「ヤムチャになるな」と言います。

〝ヤムチャ〟とは、『ドラゴンボール』に登場するキャラクターなのですが、とにかくよく負けます。なぜかというと、相手の戦闘能力を見誤るからです。逆に、相手の能力を意識的に計測しながら戦うのが、惑星ベジータからやってくるサイヤ人の戦士たちです。彼らは「スカウター」という計測器を通して、相手の戦闘能力を読み取ることができるため、不用意な戦いをしません。ヤムチャが相手の能力を見誤ってしまうのは、対象を観察する能力(センサー)の精度が低く、相手の「佇まい」からその実力を判断できないからです。ものの良し悪し、センスの良し悪しを判断できる暗黙知を「佇まい」に関する目の能力とするならば、『ドラゴンボール』は、単に戦うだけではない、「目の能力」の物語でもあるのです。

実はこれは本質的な話です。相手の「佇まい」を判断する能力は、実生活においても非常に重要です。この能力が低いと、争いごとが発生する場面では簡単にやられてしまいます。世の中の勝負において重要なのは相手の能力を見誤らないことであり、必ずしも強い力を持っていることではないのです。

このセンサーの感度には個人差がありますが、その精度の高さを利用して、打算的な行動を取る人もいます。相手の能力を見抜いた上で、本音は言わずに、下手に出ながら誘導するような振る舞いをする人です。そういう人は相手の顔色をうかがうのでよくわかります。

話を戻します。僕が学生に「ヤムチャになるな」と言うのは、たとえば、未経験で難易度の高い作業を根拠もなく「できます」と即答したり、無名であってもリスペクトすべき人物に会った時に敬意を欠くような振る舞いをした場面です。

佇まいから偉い人だと感じ取るのか、それとも肩書だけで偉い人だと思い込むのか、目の前の相手が、なぜリスペクトに足る人なのかが本人の中で定義できていない学生が多いです。その判断によって取るべき所作は違ってくるはずなのですが、人の佇まいを感じられない学生には、しばしばそうしたミスコミュニケーションが散見されます。

訓練を繰り返すことで佇まいで人を判断する能力や、自分自身にふさわしい佇まいを身につけることはとても大切です。しかし、学校教育では、「身だしなみに気をつけよう」とは言われても、「佇まいに気をつけよう」とは教わりません。「身だしなみ」と「佇まい」は全く違います。身だしなみは、佇まいがない人でも表面的に繕えるものだと思います。スーツに身を包んで擬態することが求められることもあるかもしれませんが、それは本質論ではないでしょう。

佇まいを判断するセンサーを研ぎ澄ませるために必要なのは、「対象を観察する時の集中力」です。この集中力が冴えていると、ちょっとした違和感に気がつくことができます。

たとえば、鯛を炊き込んだ鯛飯を食べる機会があったとします。その時に鯛飯の佇まいに気を配っていれば、口に入れる前に「今日の鯛飯はいつもの炊き込みご飯より熱いぞ」とセンサーが違和感を教えてくれます。しかし、センサーを働かせていない状態では、温度のような目に見えないものの違和感に気がつくのは難しいと思います。

「この鯛飯はいつもの炊き込みご飯と佇まいが違う。なんだか熱そうだ。なぜだろう。そうか、骨も一緒に炊き込んでいるから、骨から出る油脂が含まれて沸点が上がっているのか。だから普段より温度が高いのかもしれない」。

料理の佇まいの違和感から思考を巡らせて、そうやって察することができるかどうか。仮説と検証を短い時間で繰り返すことを習慣化できるか。自分の周囲にある物事に集中して観察し、違和感を感じ取り、「佇まい」を判断する訓練を、日頃から子供としておきたいものです。

次世代教育に欠かせない「自前思考」「複数の柱」

これからの時代で大事になるのは、一人ひとりの意見を尊重する包摂的（インクルージブル）な価値観です。だからこそ、自前のマインド、自分なりの判断を持つことが大切です。つまり、どの分野が自分にとっては重要で、何を意識していく必要があるのかを、常に言えるようにしておくことです。

たとえば、プログラミング教育の本質的な目的を、教師や子供が理解しているかどうか。「プログラミング教育が必修化されるから覚えましょう」ではなく、「プログラミング技術は社会の課題を解決するための有効な方法の一つだから覚えましょう」と伝えるべきなのです。そこでは本質論にどれだけ向き合えるかが問われますが、それは大人になればなるほど難しくなってきます。プライドの高い人は「……とはいっても」などと、理由をつけて、考えることをやめてしまうのです。

大人になっても本質的な話に正面から向かい合えるのは、頭が柔軟で体力がある人です。そういう経験を20代のうちにたくさん積んできた人は、変化に適応したり、ストレスを軽減させたりする意味で非常に価値があると思います。

学生をみていると、「複数の柱」を構築しようとするキャリアデザイン志向が弱いと感じることがあります。

複数の柱というのは、自分の中に柱となる専門性を二つ以上持つということです。僕の場合はアートとテクノロジーです。これからの時代は、唯一の得意分野や専門的スキルに特化するという選択はリスクが高くなります。そのスキルが必要とされる業界や仕事が、いつ廃れるかわからない時代だからです。かつての経済成長期のように全国民的に指向された大きな方向性がない今の時代には、指針も土台も揺らぎやすいのです。

そういう時こそ、二つ以上の専門性を持ち、二足の草鞋を同時に履きながら生活したり、複数の柱を使って新しい職業を創造する人が強いと思います。ポストものづくり時代こそ、多様なスキルが求められるようになるのです。

「プログラミングができます」だけではコモディティなので、プログラミングを使ってできること以外に、もう一つ専門性を持とうと考えることが大事なのです。

なぜ「複数の柱」を持てないか。それは自分を客観的に見ることができていないからです。好きなことややりたいことについて、よく考えてみましょう。それはニッチな分野で他の人と違っていたほうが強みになります。

全く新しい分野について学ぶのは、大人になればなるほど時間がかかります。新しいことを吸収するための素地はできるだけ早い段階で、可能であれば幼児期から養っておいたほうがよいでしょう。そのためにも、大人がステレオタイプな見方にとらわれないことが重要です。人について説明する時も「あの人はアーティストだから」とか「あの人はサイエンティストだから」といった固定観念に当てはめるようなことはせず、「あの人は、あの人だから」という幅の広い見方を教えるのです。人と比べるのではなく、組み合わせでもいいからオリジナルを目指すマインドセットが必要です。誰かの真似ではない、オリジナルを目指すには、今、この世界にない能力の組み合わせを目指していくべきでしょう。そうすれば独自の立ち位置から社会を見ることができ、新しい問いが生まれてくる可能性が高まるからです。

Q10

これからは、ＭＢＡより
リベラルアーツを学ぶべき？

ビジネスのために
リベラルアーツのみを学んでも
市場価値は上がりません

テクノロジーとリベラルアーツは分離すべきではない

近年は大学だけでなく、金融や商社といった一般企業においても[*29]リベラルアーツを重視する傾向があります。ＡＩシステムを導入して業務の効率化を進める中で、システムに仕事を奪われるのではないかという漠然とした不安が生まれているのも一因でしょう。こういった動きは一時の熱病のようなものだと思いますが、非人的システムでは代替できない教養としてリベラルアーツを学ぶ風潮が広まりつつあるようです。AIシステムという言葉で表現されているのは人と機械の統合システムであり、いかにシステム外の価値をシステムと連結するかが求められているのです。

リベラルアーツとは、ギリシャ・ローマ時代の「自由七科」（文法、修辞学、弁証学、算術、幾何学、天文学、音楽）に起源を持ち、「アルテス・リベラレス＝人間を自由にする技術」という言葉が語源となっています。これと対となる概念が「アルテス・メカニケー＝機械的技術」を語源とした「メカニカルアーツ」です。中世ヨーロッパでは、リベラルアーツは大学で教える基礎教養のことを指し、それが今の日本の大学にも一般教養課程[*30]として受け継がれています。現在のリベラルアーツは扱う分野が非常に幅広いのですが、最初の自由七科の中にはメカニカルアーツは含まれていませんでした。メカニカルアーツは手を動かす実学的な学問であり、抽象的な人とは何かという問いを扱わないからです。

歴史上リベラルアーツは、メカニカルアーツをやや見下しているところがありました。しかし、テクノロジーを抜きにしたリベラルアーツには、今や市場価値がありません。逆にメカニカルアーツについても、抽象的な問いを扱わない学問はシステムによる最適化が得意とする分野なので、省人化・非人化される可能性が高いと言えます。

しかも、リベラルアーツはものすごく幅広い範囲を対象とし、なおかつ深い考察を目的とした学問なので、知識として学んでもそう簡単に的確な発言ができるようにはなりません。さらに言うとリベラルアーツは、アートや最先端テクノロジーの研究、あるいは多国籍集団によるプロジェクトといった「尖った分野」では非常に重要な意味を持ちますが、ただ聞きかじっただけでは、カルチャーサークルで学べる〝大人の教養〟程度の意味合いしかもちません。同じ時間の訓練なら21世紀の読み・書き・そろばんであるプログラミングを教えるほうがよいでしょう。リベラルアーツは学問として学ぶことで独自の新しいものの見方を生み出すもので、大学の教養課程で学んでも、すぐにビジネスの現場で役立つようなことはないでしょう。


MBAよりもリベラルアーツを学ぶべき、という風潮が生まれたのは、MBAのケーススタディでは解決できない問題が多くなってきたからだと思います。

たとえば、Googleのケーススタディを学んでも、結局Googleでしか適用できない事例も多く、他のビジネスでは参考にならないことも増えました。これは限界費用がゼロに近づき、一部の企業による業界の寡占が進んだことで、多様なビジネスシーンを包括する普遍的なメソッドへの信頼が薄れたことを意味します。そこで求められたのが、従来のビジネスの枠を超えた学問・芸術の領域までをカバーする、新しいものの見方、つまりひらめきを生む教養としてのリベラルアーツなのだと思います。

ビジネスに有利だからリベラルアーツを学ぶ、という考え方はこれからの社会では通用しません。リベラルアーツとメカニカルアーツは分離すべきではなく、学問としてどちらも身につけておくべきなのです。

Q11

突出した才能がない人はどう生きていけばいい？

複数の柱を生かしつつ限界費用が低いテクノロジーを使おう

自分の好きなことをいくつも横展開する

専門性を生かした複数の柱を持つことが大事であると前述しましたが、それは才能に恵まれた人にしかできないと思われるかもしれません。ですが、この柱は必ずしも突出している必要はありません。それぞれがプロになれるほどではなくても、周囲の人よりも得意で、自分なりの強いこだわりがあればいいのです。突出した才能がない人や、偏りのある能力を持っていない人は、複数の柱の組み合わせによる総合力を活かして、組織に属さずに生きていける働き方を探すことをお勧めします。

要は、ソフトウェアが常に開拓している「限界費用が低い方向」[*31]に向かえばよいのです。たとえば、地方に移住してイチゴ農家になり、ライブコマースでイチゴを売るという生き方もあるでしょう。自ら育てたイチゴの素晴らしさを語る台本を書いて、ライブコマースを通じて新しいライフスタイルを提案する。いくつかの能力を必要とするため偏った才能の天才にはできない生き方ですが、これからの時代にこういった働き方は、間の取引がD2C（Direct to Consumer）であり、収益が多いのです。

飛び抜けた才能はないけれど、好きなことをいろいろやってみよう、その中で試すリスクが低いものから取り入れていこうと開き直ってそう考えたほうが社会とつながっている実感が得られビジネスチャンスが増えるという意味では、幸せになれると思います。

「音楽で食べていきたい」という人にとっても、今は選べる道が多様になりました。昔はプロになって売れるか、プロを諦めて趣味でやるかの二択しかありませんでした。

しかし、今はその中間として、たとえばジャズバンドを組んだら、パトロンを募って毎月会費が集まるシステムを作り、そこで得られた収入で生活することもできます。毎月3000円の会費を払うパトロンが200人いれば、月の収入は60万円になるので、それだけで十分暮らしていけるでしょう。

一見、新しい価値観のようにも見えますが、美術大学の卒業生がプロの画家としての収入で生きるわけではなく、地元で絵画教室を始めるのと同じスタンスです。会費3000円で200人の生徒がいる規模の絵画教室を地方で維持するのは難しいかもしれませんが、オンライン教室ならどこに住んでいても世界中から生徒を集められます。これはコミュニケーションコストが変化したことによる恩恵で、中世のサロン型の芸術表現に近いと言えます。

お金はパラメーターにすぎない

組織に所属して給料をもらわないと食べていけないという考え方は、近代の弊害だと思っています。今の日本には定職に就かなくても生活費を稼ぐ方法がたくさんあります。人口密集部とそれ以外で大きな差はあるものの、移動さえできれば仕事は見つかる。会社勤めの仕事をしないと生きていけない。お金があれば幸せになれる。貯金がないと不幸になる。そう教育されているだけです。

今後はそういった観念も変わってくるはずです。今のお金と労働は実際のところリンクしていませんが、教育の影響でいつのまにか関係があるように信じ込まされています。金融商品や仮想通貨を扱って身銭を切って練習すれば誰でもやがて実感すると思いますが、お金はただのパラメーターです。大勢の人が価値があると思い込んでいるから、社会的に価値があるとされているだけです。

労働の価値はお金だけで判断されるものではないし、動機づけとして金銭を超えたところにやりがいを見いだせる人は、これから人材としての価値が高くなると思います。

オリンピックのアスリートを見るとわかりやすいでしょう。お金をもらうためではなく、目標を成し遂げるためにやらなければならないことをひたむきにやっている。自分がやりたいことを本気でやっている人にしか生み出せない価値があることに気づかされます。その視点は、永い集中と反復によって得られた固有のものの場合が多いからです。

仕事について考える時に、もらえるお金のことを第一に考えてしまうのはなぜでしょうか。それは物事の本質的な価値を伝えたり、本当にやりたいことを考える余地を与えない教育の影響もあると思います。

近代の教育は、基本的には均一化・標準化を指向します。いい大学に入り大きな会社に就職することが幸せであると信じ込ませる。そんな価値観に染まった子供に、自分が本当にやりたいことがわかるはずがありません。

今後、社会の競争の中で生きるのが大変になるのは、「何者でもない人」です。自分の中にある画一化されていない能力に、自分自身で価値を付けることが重要で、そこでは個人の社会的な訴求力が求められます。ロボットやＡＩのもたらす「システム」のほうが精度の高い作業や思考ができるという前提のもとで、これらのテクノロジーでは代替がきかない人材を目指すことが大事です。もちろん、そこそこの生き方ができればよく、自分から主体的に何かを考えたり、決めたりしたくない人もいるでしょう。そういった人を支援し、生活の糧を生み出す方向にテクノロジーは向かうべきだと僕は思っています。

そうした個人が現状の一律に固定された価値観から離脱し、場所と組織とライフスタイルから自由になるような新しい価値観さえ受け入れられれば、今の日本の置かれている現状、生産人口の減少と高齢社会の到来は、必ずしも悲観する必要はないのです。高齢になると新しい仕事を覚えにくくなることを不安視する向きもありますが、学習のためのテクノロジーの進歩は、それを補ってあまりあるでしょう。たとえばマイクロソフトのホロレンズ[*32]のようなＡＲグラスを使えば、教師役がいなくても仮想世界で実技を交えた高度な修練を受けられます。これから仕事の習得はこういった技術の普及によってどんどん楽になっていくはずです。面倒な仕事や体力勝負の仕事を機械が代替する時代になれば、高齢者が活躍できる場面もたくさん出てくるはずです。

人間が苦手とする作業を補助するためのＩｏＴデバイスは、これからも増え続けます。今後さらに技術革新が進むことで、未来の労働は確実に楽になるでしょう。

高齢者には人生経験があります。あとは新しい価値を受け入れる柔軟性とやる気さえあれば、健康を維持するだけで有用な人材として社会に貢献できるのです。ただし、健康にだけは注意しましょう。生物的・肉体的な意味においての「人間」はとても複雑で、人間の肉体や器官をすべて機械に置き換えるのは非常に難しいのです。テクノロジーが進歩しても、人間の健康問題の最終的な解決は、まだしばらく先のことになるでしょう。

今後の人生１００年時代を生きる上で、健全な精神と肉体を維持し続けることは、それだけで大きな価値になるのです。

Q12

人生100年時代を生き残るには何をしたらいい？

趣味を複数持ち、モチベーションを高く保ち続けること

学問を始めるのに適性年齢はない

プロローグでも述べましたが、これからは人生100年時代です。学校を卒業してからのほうが人生は長いし、60才で仕事を退職しても、さらに余生が40年もあります。

社会が激しく変化し、テクノロジーが目まぐるしく進歩するこれからの時代では、学生時代

や社会人になりたての頃に学んだことを活かそうとしても、それらの知見はすぐに古びてしまうことも多いでしょう。つまり、我々は常に学び続けなくてはならないのです。逆に言うと、大人になってから学問を始めるのに適性年齢はないのですから、いつからでも学び直せますし、そういった制度を支援しようと政府は動いています。今までの社会人教育の常識は今後数年以内に更新されていくように思います。

政府は2017年、「リカレント教育」[*33]の拡充と5000億円の財政の投入を宣言しました。リカレント教育は、基礎教育を終え、社会に出た人たちに向けた「学び直し」の機会です。しかも、カルチャースクールなどの学びと違い、生涯を通じて社会で活躍し続けるための、就労を前提とした学びを指します。今後は、リカレント関連の環境や法整備も進んでいくでしょう。

仕事での活用を前提とした社会人向けの教育である以上、社会やテクノロジーの変化に敏感に対応しながら、どうすれば新しい知識を身につけられるのか、どうすれば新しい分野について楽しみながら吸収していけるのかを考えなくてはなりません。生涯を通じて学ぶことを楽しみ、その自分の学びを社会に役立てられるようになれば、学ぶことそのものがライフスタイルとなります。

僕も大学で研究をしたり、会社を経営したり、メディアアーティストとして作品を作ることを通じて、どう社会と向き合っていくかを常に考えています。具体的には、どうすれば新しい文化を生み出せるのか、開発したテクノロジーをどうやってビジネスに活かすのかについてです。それを常に意識することで直接的ではないのですが、アートを作る時の発想の源泉になったり研究をする時の動機になったりしています。これはこれからの現代人に必要な、新しい考え方になっていくのではないでしょうか。

アイディアをアート的アプローチで可視化する

明治近代化では社会を工業社会として効率化するために、さまざまなものが標準化されましたが、その典型例の一つが「言葉」です。僕たちが普段使っている言葉の中には、明治期以降に西洋から輸入された概念を、日本語に置き換えるために強引に作られた（翻訳された）ものが数多く含まれています。そして、近代化された社会の一員として振る舞うには、その近代的な言葉を日本社会に急速に導入しなければならなかった。近代社会を成り立たせるために、今のスタイルの教育は生まれたのです。しかし、近代工業社会の言葉で思考しても、その言語に縛られた近代的な人間観を突破するようなアイディアは生まれにくいように感じています。

物事を思考する時には、言語的な一方向からの解釈にとらわれない、多方面からのアプローチが重要です。たとえばデータを取って参照したり、環境や条件を変えて実験したり、時にはアート的な審美的意識をもとに手法の展開を試みるといったやり方も有効です。絵や映像などの手法を使うと、アイディアの情報量が下がらないため、画一化されにくく、多様性を維持したままの状態で可視化できます。こういった複数の視点をどのように身につけるかについては、第3章で具体的に解説したいと思います。

クリエイティブの世界で成功している人は言葉だけに頼らず、さまざまな方法でアイディアを発表しています。YouTubeでは、そのわかりやすい事例がたくさん見つかるでしょう。もちろん、そうした表現を試みた後で、再度ロジカルに言語化する作業もまた重要です。

これが正しいという絶対的な答えはありません。ただ、言葉に頼り過ぎているとか言語化を忘れたとかそういう偏りを意識すればいいのです。いろいろなアプローチや思考法を行き来することを恐れないことです。ひとつの価値観にとらわれず多角的に対象を見つめることは、練習をすればするほど、経験をすればするほど鍛えられる能力で、鍛えようとしなければ身につかない力です。

貯金よりも、借金できる人を目指す

僕は無駄に研究費を浪費するタイプの研究者ではありませんが、目的のための研究資金が足りなければ、節約するより新たに調達しようと考えます。たとえば資金に不安を抱えたまま研究を進めるよりも、事業化して投資家へのリターンまで含めたスキームを作るほうが、長期的な成果へとつながることもあるでしょう。これからは、お金を貯められる人よりもお金を調達できる人を目指すべきだと思います。お金を調達するには、信用がなくてはなりません。また、プレゼンテーション能力や未来のニーズを予測する能力をプロトタイピングを重ねることで鍛えていかなければならないでしょう。

貯金ができる人は我慢ができる人です。それもよいのですが、節約思考は基本的には生産性低下や消費の減少につながる思考です。社会全体を経済成長させるには、個人の消費を増やし、さらに社会全体の消費も拡大したほうがいいと僕は考えています。

これは無責任にお金を使おうと言っているわけではなく、自分がお金を使うべき理由を説明できて確証を得られること、その意義を社会に問えることが大事なのです。

貯金して資金が貯まってから事業を始めようという人よりも、クラウドファンディングですぐにお金を集められる人のほうが、プレゼン能力においても人望においても突出しているのではないでしょうか。事業や人物への期待値がないと、お金は調達できないので、発想の魅力もビジネスとしての将来性も必要です。さらに、それが本当に取り組むべき事業であることを他人に理解できるように説明するためのスキルも求められます。

こういった能力はこれから事業を興す上では欠かせないでしょう。何より、目指すべきあり方として「貯金をしよう」ではなく、「お金を調達できる人間になろう」というのは、節約を美徳とする考え方と相反しないし、クリエイティブな発想ではないでしょうか。

合理的で画一的な処理は、人間よりもシステムのほうが得意なので、計算機の精度を上げていくことで徐々に置き換え可能です。現状の最適化されたシステムに足りないものは何か。それはフレームの外と接続する人的な強いモチベーションです。コンピュータからシステムのフレームまで含めて最適化させていくことは難しく技術的に実現はまだ先であると考えています。

人間のモチベーションを喚起するきっかけとなるのは「好きなこと」「やっても苦にならないこと」です。そこで、仕事にできるような、そして自然に続けられる趣味を持っておくことをオススメします。僕は学生の研究相談にのる時に、まずは自分の趣味やずっと続けてきたことを軸足にして研究のトピックを考えてもらっています。

そういった趣味や続けてきたことを仕事にするメリットは、モチベーションの喚起以外にもあります。たとえば自然体で行うことができるので、労働のストレスが少なくなることです。また、高いモチベーションはオリジナリティを生み出す原動力になります。

趣味が一つしかない人は、唯一の息抜きを仕事にすることに抵抗があるかもしれません。そこで、仕事にできるくらい詳しい趣味を三つほど持っておくとよいでしょう。

大事なのは、自分は何が好きなのかを常に考え続けること。ずっと続けていられるような好きなことを仕事にし、高いモチベーションを維持しながら働ける人は、他の人にはないオリジナリティを発揮できるため、これからの社会で生き残り続けるでしょう。

ロジックでは導き出せないアニマルスピリット

そういった好きなことを仕事にしていった時に「他人にできないことをやる能力」以前に必要なのは、ストレスと感じずに「やりたいことをやる能力」です。「やりたいことがある」ということ自体が、すでにひとつの価値であるとも言えます。

あるインタビューでこの話をした時、「それは〝アニマルスピリット〟のことだね」と指摘されて、妙に納得しました。〝アニマルスピリット〟とは、イギリスの経済学者ジョン・メイナード・ケインズが述べた有名な言葉です。日本語で「野心」などと訳されますが、この訳は適切だと僕は思っていません。動物的直感や天啓とするのがいいかもしれません。そういった「衝動」がある人はしばしば誰も予測もしないような、一見合理的ではない行動を取ることがあり、それは経済活動においてイノベーションの源泉となるとされています。

つまり、ある種の動物的直感がないと、やりたいことをやり抜こうとか、リスクを取って新しい事業を始めようという気にならないということです。そういった衝動はある種の肌感覚や嗅覚として知覚されるのかもしれません。そういった直感的な感覚は時にロジカルではない判断を導き出すことがありますが、それが後からみて適切であることも多いのです。僕の周りにいる才能がある人たちは、そんな野性的な嗅覚が鋭いと感じることがよくあります。堀江貴文さん*35はよく「やりたいことをやればいい」と言いますが、多くの人はやりたいことをやる感覚を忘れているように思いますし、やりたいことの意味を間違えているのではないでしょうか。

「やりたいことが見つからない」と言う人が増えていますよね。やりたいことをトピックとして捉えてしまうと、やるべきことを誰かに見つけてもらうのが当たり前だと思ってしまいます。そういう意識で育った子供には、肌感覚も嗅覚も育ちません。誰しも小さい頃はやりたいことがあったのではないでしょうか。「やりたいこと」とは自分のストレスに嘘をつかないこと。自然に続けられることを選ぶことであり、休みの日に遊ぶネタのことではありません。今後の社会で生き抜くためにも、やりたいことを見つける嗅覚を大事にして、やりたいことの中から「今できること」を探し、リスクを取ってでも実行する力を身につけたいものです。

これからは、どのコミュニティやカルチャーに所属するのがその後のキャリアやビジネスにつながるか、長期的な予想がつきにくい時代です。だからこそ大事なのは、時代時代の変革点で自分の立ち位置をはっきりさせることです。

今までは、多数派に属するのが社会的な安定を得ることを意味していました。そこでは既存の仕組みをそつなく運用・管理できる人材がエリートとされてきました。しかし、それは人類普遍の原理ではありません。今はフレームワークを作ってお金を稼ぐよりも、ニッチな専門分野を持ち、その専門的な知識を生かして何をしたいのか、何ができるのか明確に伝えられる人も同様に求められています。

オリジナリティと専門性を生かして、自分だけのポジションを取りましょう。自分の立ち位置を明確にすることで、さらに自分の価値を生かすことができるでしょう。この考え方を実践する時に一番重要なのは、自分自身を客観視してストレスを考えることです。ストレスなく自然体でいられる「何か」は生活の中のどこにあるでしょうか。

自然体でいられる行動を仕事にする方法を見つけられれば、呼吸するように働くことができる。僕はそれを「ワークアズライフ」と呼んでいます。

僕の場合のそれは、研究したり、アートをしたり、ビジネスを考えたりすることです。僕は、そういった意味で、自然体でいながら、自分がやりたいことをできている時、「今この瞬間が確かにある」と自覚することができます。その瞬間、瞬間は時の流れが美しく、それでいて幸福に満ちあふれている。そんなふうに、世界を常に楽しんでいけるように、自分の中にある自然な瞬間を探してください。

Q13

未来の学び方は変わってくるの？

自由のきく オンラインスタイルの塾が 学びのスタンダードに

カリキュラムのない小さなコミュニティで学ぶ

オンライン型の塾のような小さなコミュニティで学ぶスタイルは、日本だけではなく、世界的に広がっています。前述したオンラインで講義を行うアメリカのミネルバ大学は、その一例です。オンライン教育の強みはプロから直接学べる上に、対話型にすることで正課の学校と違ってカリキュラムが画一的であることにとらわれないという点です。

さらに、所属するコミュニティをいつでも簡単に変えられることもメリットの一つです。毎日体を動かして出席しないといけない正課の学校は向いていないとわかっても、すぐには転校や転籍はできませんが、オンラインサロン[*36]やネットコミュニティならば乗り換えは簡単です。

子供に限らず、これから学び直したい、もしくは新しいことを学びたいという人にとって、オンライン教育はとても役に立ちます。個人が大事にされるこれからの時代には、こうしたオンラインとオフラインを行き来する教育を学びの場に選ぶ人が増えていくと思います。そういった教材とコミュニティの民主化はインターネットの生んだ恩恵の一つでしょう。

サロンという言葉には海外の響きがありますが、日本人も古来より、サロンのような小さなコミュニティや私塾で学ぶスタイルを培ってきました。戦国時代に茶室で育まれた文化がそうですし、吉田松陰の松下村塾や福沢諭吉[*37]の慶應義塾もサロンスタイルの一部ということができるかもしれません。

第2章でも述べますが、僕が絵を習ったのも隣に住んでいた画家によるサロンのようなスタイルです。カリキュラムが用意された絵画教室であれば習おうとはしなかったでしょう。音楽についても知り合いのピアニストから習いました。ピアニストの先生は教育の専門家ではないので教え方は非効率だったかもしれませんが、学ぶ子供の興味に合わせて学習を進めるほうが、効率性を上げるよりも重要です。なぜなら、吸収の効率を上げようとすると生徒の個性が潰れてしまうことが多いからです。

効率性・公平性を重視するのが現在の学校教育のカリキュラムですが、その課外であるはずの習い事に達成条件のリストはないほうがよいと僕は考えています。カリキュラムがないと習熟の速度にはばらつきが出ますが、個人の興味や関心が尊重されることのほうが課外の教育では重要ではないでしょうか。つまり、画一的な教育とバランスを取ることが重要だと考えているからです。現在の学校教育があまり多くの子供たちのやる気を伸ばせないのは、すべての教科の指導要領が画一化されているからだと思います。人間にはそれぞれ違った価値観があるので、工程表通りにやることが向かない子供も、たくさんいます。正課と課外のバランスを取り、伸び伸びやらせてあげることも大切なのではないでしょうか。そう考えると、この調整は各家庭のタスクということになるでしょう。

大学は他のビジネスとシナジーしていく

SNSは、すでに社会にある多くの機能を代替しています。SNS、オンラインビデオ、E

コマース、多くのＳａａＳを含め様々な機能が日々、コストを下げ、民主化されています。その中で、大学だけがそういった機能の代替から逃れられるとは僕は思っていません。

先日、勝間和代さん[*38]と「これからの大学のライバルはオンラインサロンだよね」という話をしました。

大学に年間１００万円近くの学費を払っている人はたくさんいます。それに対してオンラインサロンにかかる費用は、月額５０００円から１万円程度なので、年間で計算しても6万円から12万円くらいです。好きな先生から専門的な知識や、議論の場を持って学ぶのであれば、わざわざ学校に通うよりも、その先生のサロンやオンラインコースに入って学んだほうが断然、費用対効果は高いのです。大学に通うコストは金銭的な負担以上に身体的な拘束が厳しいので、大人がリカレント教育としてオンライン上のサロンやオープンコースに参加する動機は理解できます。

著名な客員教授を呼んで学生を確保しようとしている大学もありますが、客員教授で大学を選ぶのであれば、他の特徴を重視して大学を選んだ上で著名な教授のオンライン講座やサロンに2つくらい入ったほうがよいでしょう。客員教授の授業よりも、会員と密な関わり方をしているオンラインコミュニティが多いからです。

大学は人材の専門性を保証し認定する機能のほうが現状強いので、キャリアを考える上では、学費の安い国立大学に入って基礎を学びながら、オンライン講座で国内外問わず有名なスター教授に学ぶ、というやり方が学部生にはお得かもしれません。もちろん、理系で研究をしたいという人は、学部を終えた後に大学院が5年間あるので、直接指導を受けたい先生がいる大学に行ったほうがよいと思います。また、博士号を取るつもりがない人は、自分の好きな分野のMOOC[*39] (Massive Open Online Course) やオンラインサロンを選ぶ方が賢いかもしれません。要は学び続けること、コミュニティを選び参加するフットワークを軽くすることが大切でしょう。

今の大学にあるサロン的な機能は何かと考えると、学生への個別のメンタリングや、週に数回直接会う機会があること、最先端の研究者による論文指導などが挙げられますが、もっと付加価値をつけないと、将来的には市場がオープン化し、国内外のオンライン教育に負けてしまう可能性があることを、大学側も意識する必要があります。僕は自分の大学で学長補佐をしているので、未来の大学経営を考える上で、このトピックには非常に強い関心を持っており、新しい仕組みを常に探しながら自分でも実験をして、その結果をもとに未来を構想しています。

すでにアメリカのスタンフォード大学をはじめとする多くの大学では、MOOCというサービスを始めています。日本では東京大学なども行っています。

これは、大規模なオンライン学習コースのようなものです。スタンフォード大学のようなレベルの大学がオンライン授業を始めたら、もはや地方の大学の教育機能は今のままでは勝てません。そういう環境がある上で、学生の教育をどう考えるかが必要になってきます。

このＭＯＯＣとサロン型のオンライン教育はいい勝負になるかもしれません。両者の違いは、オンラインコースではスタンフォードの先生に会う機会は基本的にありませんが、サロン型ではオフラインでもオフ会に行けば実際に先生と会えるし、オンライン上でも対話的なやりとりできます。つまり、フィリピン人の講師によるオンライン英会話のように、実業分野で実績のある人物がオンラインで講義するような仕組みが始まっているのです。

つまり、そういう意味で大学はオンライン教育に現状のある程度のビジネスを奪われる可能性があるということです。

今後は大学が特権的に持っている教育の付加価値を、他のビジネスとシナジーすることで、より魅力的な組織にしていかなければならないと考えています。だから僕も、授業の配信や書籍化オンライン教育の実験や、そのノウハウの文章化などに力を入れています。

フィジカルな面を考えれば、たとえば、大学スポーツにはもっと大きなポテンシャルがあるはずです。日本の大学スポーツがビジネス化していないのはおかしなことで、その原因の一つは大学側にエンターテインメントやビジネスとして成立させようとする発想が少ないからです。今、アマチュアスポーツ界は東京オリンピックというチャンスを活かして、より大きな興行の機会を得ようと努力をしています。オリンピックに出場する選手の中には、大学に所属している学生も数多くいることを考えると、大学スポーツのマネタイズは、これからの大学が取り組むべき重要なテーマになりうるのではないでしょうか。

大勢よりもニッチなものに価値が出る

かつて近代教育を受けた人々の基本的な生存戦略は、大多数の人間が同じような考え方をする以上、大多数の側に立ったほうが独立した個人として振る舞うよりも強いという論理でした。たとえば、少数部族の言語を話す人達と日本語を話す人達の人口比が1対1万だったら、後者の語学を学習するほうが言葉の生存戦略として有利でしょう。

しかし発信コストが下がり、コピーが容易なこれからは、ニッチなものにこそ価値があるという時代です。大多数と同じ感性や佇まいでいるほうがインターネット以降のコモディティ化速度の上昇によってむしろ弱くなるのです。他人からの評価や社会的な肩書といった、いわゆるマスの感覚に響くものに捉われず、自分で物事を判断するための軸を持つためには、近代教育に最適化された生存戦略から脱して考えなければなりません。

現在の教育が近代社会制度を維持するための産物である以上、今は必ずしもそれを盲信する必要はないはずです。これから必要なことの一つは、一律的な教育よりも学問・研究によるニッチな価値の追求であり、学門を育み、共有する文化を育てることでしょう。「学ぶこと」は、「それが文化である」という視点を持つことです。

そういったアカデミックカルチャーを真の意味で育てるには、今の就職予備校状態の大学からどうやって抜け出すかを考えなくてはならないと思っています。

大学という場所は、そもそも高等教育、学問や研究の作法を学ぶ場所です。その「学びの作法」を学び尊ぶことがアカデミズムの根底にある価値観であるという基本原則を、どれだけ伝えられるかが大学の持つ本質的な価値なのでしょう。

大学であっても、オンライン教育であっても、MOOCであっても、そこで「学びの作法」をしっかり身につけられれば、人生100年時代、ずっと学び続けられる人になるでしょう。何をすべきかは誰も教えてくれません。そして、誰かに教えてもらわなくても自分の頭で考えられることが、21世紀を生きる人たちには求められているのです。だからこそ、自分の価値＝オリジナリティと専門性を獲得する方法論である、「学びの作法」を身につけることが、とても重要になると思っています。

21世紀に求められるであろうスキルをどのように身につけるのか、具体的な「学びの作法」については、第3章で詳しく解説します。

＊1 **識字率** ある国または一定の地域や社会において、文字の読み書きができる人の割合のこと。

＊2 **ミネルバ大学** アメリカで2014年に開校した4年制大学。全寮制で、1年目はサンフランシスコ、2年目はブエノスアイレスとベルリン、3年目は香港とムンバイ、4年目はニューヨークとロンドンと、それぞれ学期ごとに世界7か国に移り住みながら学びます。講義はすべてオンライン。ディスカッション中心のアクティブラーニングを採用したカリキュラムです。

＊3 **アクティブラーニング** 授業において、生徒が主体的かつ能動的に学ぶことができるような学習方法。教師による一方向の講義型学習ではなく、学習者同士が協働して体験学習・調査学習・ディスカッションなどを行うような、能動的学習を行うことが特徴。新学習指導要領では、アクティブラーニングの内容を具体化し、より充実させるため、「主体的・対話的で深い学び」という言葉で表現しています。

＊4 **エゴサーチのボット** エゴサーチとは、自分自身の情報について検索することです。ここではTwitterにボット（自動的に決められた処理を行うプログラム）を登録し、Twitter上で言及されている自分に関する話題を自動的に収集する処理を指しています。

＊5 **2020年度の教育改革** 国が学校の教育内容やカリキュラムを定めた「学習指導要領」が10年ぶりに改訂されます。「新学習指導要領」では、これまでの「知識・技能の習得」を中心とした学習に対し、「自分で考え、表現し判断する技術を身に付ける」学習を重要視しています。

＊6 **プログラミング学習が小学生から必修** 2020年度から、小学校では理科や算数など、既存の授業の中に、パソコンを使ったプログラミング教育が取り入れられます。プログラミング技能の習得ではなく、「身近なものがプログラミングによって動作している」という気づきを学ぶとともに、問題を解決するための方法を、順序立てて論理的に考える「プログラミング的思考」を養うことを目的としています。

＊7 **幼少期** 人間の大脳皮質のシナプスの形成とそのネットワーク化は、6才の時点で約90%が完了すると言われています。五感を司る感覚系や運動系のシナプスもこの間に形成されることから、多くの早期教育では6才までの間の体験を重視する傾向にあるようです。

＊8 **落合陽一×日本フィルプロジェクト** 落合陽一が演出を手がけた、日本フィルハーモニー交響楽団とのコラボ企画

コンサート。振動や色を使って音を体感できるデバイスを複数導入したVOL.1の「耳で聴かない音楽会」（２０１８年4月22日）をさらに進化させたVol.2の「変態する音楽会」（２０１８年8月27日）では、「視覚」にも注目。オーケストラの中に、楽器奏者として「映像装置」を加え、曲目ごとにオーケストラがトランスフォーム（＝変態）する演出が加わりました。

＊9 **蜷川実花さん** 写真家・映画監督。２０２０年東京オリンピック・パラリンピック競技大会組織委員会理事。独特の色彩感覚をもつ作品で、木村伊兵衛写真賞ほか数々受賞。映画監督としても、沢尻エリカ主演の『ヘルタースケルター』（２０１２年）で新藤兼人賞銀賞を受賞。

＊10 **蜷川幸雄さん** 演出家。１９６７年に劇団「現代人劇場」を結成して以降、ギリシャ悲劇やシェイクスピアなどの海外古典劇から現代劇まで多くの作品の演出を手がけ、「世界のニナガワ」と世界的な評価を得ました。２０１０年に文化勲章受章。

＊11 **２０２０年度以降、小学校高学年で英語が教科化** ２０２０年度からは、小学3年生で英語教育が始まります。3、4年生では教科ではなく、「外国語活動」として導入され、5年生からは「外国語科」として新たに教科として加わります。

＊12 **ゲルマン語系の動詞** イギリスに流入したゲルマン人に由来する言葉。現代の英語のネイティブ・スピーカーは、ゲルマン語由来の言葉を日常語で使います。ここでは、get、have、makeなど、抽象的な概念を持ち、訳がいくつも分類されてしまう動詞を指します。

＊13 **ラテン語系の動詞** ラテン語は、古代ローマの公用語として普及した古代言語。中世から近世までは西欧の学術分野を担う言語として使われていました。

＊14 **２０２０年度から始まる大学入試改革** ２０２０年度から大学入学者選抜について文部科学省は、「各大学の入学者選抜方法を、『学力の3要素』を多面的・総合的に評価するものへと転換する」としています。『学力の3要素』とは、①「知識・技能」②「思考力・判断力・表現力」③「主体性・多様性・協働性」です。

＊15 **大学入試センター試験** １９７９年から始まった国公立大学の「大学共通第1次学力試験」が１９９０年に改称され「大学入試センター試験」に。各大学の試験に先立って全国一斉に行う、マークシート方式の共通テスト。２０

20年1月の実施を最後に廃止される予定。

＊16　**大学入学共通テスト**　2021年1月から大学入試センター試験に替わって導入される大学入試選抜共通テスト。センター試験からの変更として、これまでなかった記述式問題の導入と、英語では4技能（読む・聞く・話す・書く）の評価などがあります。

＊17　**資格・検定試験**　現行の大学入試センター試験では、英語に関して、「読む」「聞く」の2技能の評価に偏っていた側面があり、新テストでは「読む」「聞く」「書く」「話す」の4技能を評価する方向で検討されてきました。さらに英検など、すでに4技能評価を行っている民間の英語資格や検定試験を、大学入学試験にも活用することが提示されました。

＊18　**傾斜配点**　各大学の入学試験で、それぞれの学部・学科に関連の深い特定教科の配点に一定の倍率をかけ、他教科より比重を重くすること。

＊19　**パラメーター**　コンピュータ用語のパラメーターは、特定の処理の際に何らかの傾向を持たせるための数値による指定を指します。この場合は、入試における評価の要素配分のこと。

＊20　**AC入試**　筑波大学アドミッションセンターで行われる自己推薦型（書類＋面接）入試。提出された自己推薦資料の内容をもとに、志願者の主体的・継続的な活動の中で、どのような問題の発見と解決があったのかを評価。さらに、志願者が大学で学びたいことが、志願する学類・専門学群で学習可能か、志願先の研究教育内容と志願者の目的とが合致しているかということも重視されます。

＊21　**科学研究費補助金**　文部科学省と独立行政法人日本学術振興会が公募し、研究助成金を交付。人文学、社会科学、自然科学の全分野における優れた研究を発展させることを目的とし、選考の末、研究者個人または研究プロジェクトに対して補助が行われます。

＊22　**山海《さんかい》 嘉之《よしゆき》教授**　工学博士、筑波大学教授。筑波大学サイバニクス研究センター研究統括。サイバーダイン株式会社代表取締役。世界初のサイボーグ型ロボットスーツ「HAL」を開発。

＊23　**MBA**　Master of Business Administrationの略で、経営学を修めることで授与される学位。国際的な認証機関は3つ（AACSB、AMBA、EQUIS）あり、国内でMBAに対応する学位は大学院の修士（経営学）。

＊24 **梶田《かじた》 隆章《たかあき》教授** 物理学者、天文学者。東京大学宇宙線研究所長・教授、兼同研究所附属宇宙ニュートリノ観測情報融合センター長。〝ニュートリノ振動〟の発見で、2015年にアーサー・B・マクドナルドとともにノーベル物理学賞を受賞。

＊25 **学士卒** 大学の学部を卒業した者に授与される学位。1991年に施行された学校教育法の改正及び学位規則の改正により称号から学位に改められ、資格取得、学士入学、大学院進学の要件とされています。

＊26 **Ph.D.** Doctor of Philosophy 博士水準の学位のこと。日本では、①大学院博士課程（標準で3年以上）で必要単位を取得後、博士論文審査に合格したものと、②論文博士（博士課程に進学せず、大学院に論文を提出して審査に合格したものに授与される）があります。

＊27 **STEM教育** Science（科学）、Technology（技術）、Engineering（工学）、Mathematics（数学）の頭文字を組み合わせた、科学、数学領域に重点をおいた教育のこと。2000年代に、科学技術開発の競争力向上という国家戦略の観点から米国で取り入れられた教育モデル。近年日本でも注目を集めています。

＊28 **串野《くしの》 真也《まさや》さん** 日本の靴職人、シューズデザイナー、アーティスト、ファッションデザイナー。靴や鞄などの革製品を中心に展開するファッションブランド「Masaya Kushino」（マサヤクシノ）のデザインを手がけています。

＊29 **リベラルアーツ** ギリシャ・ローマ時代に奴隷でない市民＝自由民が身につける教養〝自由七科〟を淵源とした学問。具体的には、文法、修辞学、弁証学、算術、幾何学、天文学、音楽を意味します。現代では、大学教育の教養課程において、人文科学・社会科学・自然科学の基礎分野を横断的に教育する科目群・教育プログラムとされています。

＊30 **一般教養課程** 専門課程での研究の前に、学問の基礎を学び、幅広い教養を身につけることを目的として、日本の主な4年制大学では、前半の1〜2年間を教養課程に充てられてきました。しかし最近では、教養課程と専門課程をはっきりと区分せず、一般教育科目と専門教育科目を在学中にいつでも履修できる大学が増加傾向にあります。

＊31 **ライブコマース** Eコマースの一つ。ライブ動画を配信して商品を紹介し、視聴者がコメントしたり、質問したりしながら商品を売買するシステム。

＊32 **ホロレンズ** マイクロソフトが開発した、ヘッドマウントディスプレイ型のMR（複合現実）デバイス。現実世界

の上にデータ（ホログラム）を表示させることができるほか、ジェスチャーによるインタラクティブな操作に対応し、現実世界とバーチャルな世界がシームレスにつながります。パソコンやスマホなどのデバイスと接続せずに利用できるため、医療や作業現場などでのビジネス活用も進んでいます。

＊33 **リカレント教育** 〝学び直し〟教育。社会人の仕事での活用を前提にした再教育です。文部科学省は2019年度に、実践的な職業教育のための高等教育機関である「専門職大学」「専門職短期大学」の設置を予定。観光、食、農業、IT、コンテンツなどの分野が想定されています。

＊34 **ジョン・メイナード・ケインズ**（1883～1946年） 20世紀を代表するイギリスの経済学者・官僚で、マクロ経済学を確立させた第一人者。1936年に『雇用、利子および貨幣の一般理論』を発表。経済恐慌は、財政・経済・金融など国による政策で回避することが可能であると提唱。

＊35 **堀江貴文さん** 元ライブドア代表取締役社長CEO。日本の実業家、著作家、タレント。愛称はホリエモン。民間宇宙ロケット会社、インターステラテクノロジズ株式会社ファウンダー。

＊36 **オンラインサロン** インターネット上で展開される会費制のクローズドなコミュニティ。著名人や専門家によって主催されるのが一般的で、タレント、アーティスト、アスリートなどがファンクラブ活動の一環としてオンラインサロンを開くことも。

＊37 **福沢諭吉**（1835～1901年） 豊前（ぶぜん）中津藩士。教育家・啓蒙思想家。大坂で蘭学を緒方洪庵に学び、江戸に蘭学塾（のちの慶應義塾）を開設。英学を独習し、幕府遣外使節に随行して3度欧米を視察。明治維新後は教育と啓蒙活動に専念。明六社を設立し、『時事新報』を創刊。『西洋事情』『学問のすゝめ』『文明論之概略』の3著作によって、明治初期の思想界に大きな影響を与えました。

＊38 **勝間和代さん** 経済評論家、中央大学ビジネススクール客員教授。早稲田大学ファイナンスMBA、慶應大学商学部卒業。当時最年少の19才で会計士補の資格を取得、大学在学中から監査法人に勤務。アーサー・アンダーセン、マッキンゼー、JPモルガンを経て独立。著作多数、著作累計発行部数は500万部超。

＊39 **MOOC（Massive Open Online Course）** インターネット上で受講できる大規模公開オンライン講義。海外ではスタンフォード大学の「Coursera」、MIT、ハーバード大学による「edX」、日本ではJMOOCの「gacco」「OUJ MOOC」などがあります。修了条件を満たせば修了証が交付されます。

コラム

標準化・均質化された〈近代〉を乗り越える

僕の行動や研究、作品やビジネスに共通している時代のコンセプトの一つに〈脱・近代〉という目線があります。

情報テクノロジーを社会実装することでテクノロジーと自然の共生を生み、人類にとっての〈近代〉を終わらせることは、長期的な僕の活動の重要なテーマです。

今、みなさんは〈現代〉を生きていると思っているはずです。明治でもない、大正でもない、昭和でもない、平成という時代、その中の現代を生きていると。

けれども、現在の日本という国の仕組みや国家の概念は、約150年前に明治維新によって誕生した近代国家としての日本のあり方と大差ありません。当時、作られた制度や文化の多くが戦後の社会にも継承されています。リンカーンの言葉を借りれば、「人民の人民による人民のための政治」であり、国家であり、システムです。属人性の高い制度だと僕は思います。

〈脱・近代〉とは、17世紀以降にヨーロッパやアメリカで成立した国民国家という枠組みを想定したルールや制度を、今の技術と時代性に適応させ、どうやって更新するのか、ということです。

テクノロジーと人の共生、文化と社会制度の自然な更新の先にあるのは、コンピューテーショナルな社会適応、計算機時代の自然と人類が相補完的な存在になる社会です。[*1]

そういった〈脱・近代〉のためには、まず我々の属している近代的制度の、生成過程を知る必要があるでしょう。

近代化の柱として、国民への学校教育が果たした役割はとても重要です。現代の問題の理解には、現在の教育システムがどのようにして作られ、日本の近代化にいかに寄与し、我々の「当たり前」を形成しているかをまずは押さえておかなくては、議論のスタートに立てません。

日本の近代教育は、明治期[*2]の人口の自然増加を前提とした国家において整備されました。他国も産業革命以後、人口の増加から、一律の教育カリキュラムの制定に追われていました。

それは国民を、標準化・均質化することで拡充されるインフラの中で、国民国家建設のため[*3]人的資源を工業、農業、社会インフラの面で効率的に利用しようとするものです。

〝国民の標準化・均質化〟とは、国民一人ひとりの思考の傾向、「常識」となる基本的な考え方、あるいは肉体的な能力を、国が標準を設けてそれに合わせ水準をそろえることです。

国民国家の理念のもと、自由と平等が保障され多様な国民によって構成された国では、国家が人々を「統率する」ことは難しく、国家の号令に国民が一糸乱れずに従うような状況は生まれにくいでしょう。そこで法と制度で縛れないものを作り上げるのは「空気」や「常識」です。国家は、教育を通じて国民の「標準」を設定し、そこに向けた「均質化」を図り、近代教育システムは、国民間で同調抑圧が働くような「空気」を醸成しました。これは、山本七平[*4]が言うように日本の社会を作り上げるのに大きな役割を果たしていると思います。

近代日本が国民に「均質化」「標準化」を求めた理由には、いわゆる富国強兵[*5]という国家目標がありました。ヨーロッパやアメリカに肩を並べるために急速な発展を成し得る必要があったのです。

しかし現代の日本は、人口増加や急な経済成長を見越してインフラへの投資が積極的に推進されるような近代国家の黎明期にはありません。むしろ高齢化の中でインフラの撤退戦[*6]を強いられています。

しかし、近代教育を引き継ぐ形で、今もなお画一的な授業が行われ、一定水準の人間を育てるための指導やメディアによる空気づくりが続いています。

こうした標準的・均質的な能力を是とする社会構造では、今、すでに始まっている計算機処理の進んだ新しい計算機自然の時代を生き抜くことは難しいでしょう。計算機のソフトウェア化にともなう限界費用の低下や、高度化した金融システムによる資本収益率の向上が進んだ現在の社会では、ハードウェアと工場生産を中心とした社会からの転換を行わない限り、GDPを向上させることが難しくなってきています。そして個人の生存戦略としても何らかの資産を投資する資本家の側に回ることが求められます。この資産とはお金に限らず、能力やフォロワーや、人的ネットワークや健康かもしれません。

そういった時代背景の中、僕が興味をもっているのが明治時代における教育、さらにこの時代にできた価値観や言葉の定義をどう捉えて常識を疑うかです。

明治期の教育のあり方に大きな影響を与えたのは、福沢諭吉や津田梅子、新島襄といった人物です。

明治時代に発行された最初の科学の教養本は、福沢諭吉が書いた『窮理図解』[*7]という本です。ここでは「太陽光線」のことを「日輪より来る、温気の線」と説明しています。また「焦点」という言葉すらない時代なので、「硝子の玉にて温気の線を集め物を焼く處」と表現しています。この本であえて「物理」という言葉を使ったのは、この窮理という言葉と同じ意味を今でも保持しているからです。

こういった我々の思考の枠組みを決定付けるような言葉の定義ができてから、たかだか150年しか経っていないわけです。今は当たり前のように使われている言葉やその定義が、いつ頃、どのような経緯で作られたのかをきちんと認識しておくことは、思考の基盤としての言語を考える上で大事なことです。

明治時代には福沢諭吉以外にも、新渡戸稲造や鈴木大拙、岡倉天心など、たくさんの注目すべき人物がいます。

新渡戸稲造[*8]は「武士道」を、鈴木大拙[*9]は「禅」の世界を、岡倉天心[*10]は「茶」の世界を、英語で海外に発信しました。

バイリンガルである彼らは、海外の価値観と、自国の価値観を比べた上で、日本という国の文化がどのようなものであるかを自分なりに解釈し、どのように定義すれば適切に海外に伝わるのかを考え、言語で説明した人達です。

当時の時代性を考えれば、その解釈が正しいのか正しくないかの議論よりも、時代にあった解釈を生み出し、自分なりに定義し、説得力のある言葉で翻訳して世界に発信することができる人達であったということに注目しているのです。

西洋文化と東洋文化の狭間に立ち、時代に合わせた解釈や定義を作ったという点で、彼らの業績は非常に価値があります。しかし、社会の見る方向が工業から情報へと変わりゆく中その定義は時代が変われば、本来の機能を果たさなくなります。

つまり〝時代に合わせた新たな解釈を加え、アップデートして発信する感覚〟が、これから必要な力になると思っています。

日本人は、紀元前より仏教的世界観、武士道、わび・さびの思想などを持っていたわけではありません。縄文土器の荒々しい美を見るとまた、それと異なった起源が見えます。

たとえばわび茶[*11]を完成させたのは千利休[*12]ですが、同時代の織田信長や豊臣秀吉は、より派手で華美なものを好んだ面もありました。

そういう意味でも、わび茶の世界観は、利休が村田珠光や武野紹鴎の美意識を受け継ぎながら茶の湯の文脈の中で醸成させた概念で、僕はある意味でパンクロックみたいなものだと捉えています。

今の我々からすればそのスタイルがそのまま現在まで継承されているので、なんとなく日本古来からある価値観のような気がしてしまいますが、わび・さびをはじめとする、我々の背景となっている東洋思想が確立されたのは15世紀から17世紀にかけて、ちょうどヨーロッパが近代の価値観を発明したのと同時期です。歴史的に見れば比較的最近のことであり、このようにして価値観は発明されるものなのです。

同様に、学校で学ぶ道徳や、カルチャースクールで習う〝日本の文化〟は、決して唯一無二の絶対価値観ではない、時代とともに作られてきたものにすぎないという理解がないと、先入観で凝り固まった「常識」を取っ払うことはできません。

日本についてどんな国かと聞かれた時に思い浮かぶ、たとえば、武士道の礼儀正しさ、わび・さびのような独特の文化、禅などの仏教的な美意識といった見方は、明治以降に、前にあげた先人たちによって作られたものです。

〈脱・近代〉のためには、そうした価値観も日本の近代化の産物であるということを理解する必要があります。

今の日本は、近世までは多様なあり方をしていた社会が、近代を経ることで標準化されて現在に至っている、という面があり、多くの歪みを抱えていると思います。その中で生きにくい思いをしてきた人も多いのではないでしょうか。

標準化され、レールの定まった世界では、決められたルールに沿って生きていけばいいわけです。すると、無意識のうちに、世間が作った〝社会的な当たり前〟にすり寄り、思考が止まってしまいます。

特に、テクノロジーやアート、デザイン、ものづくりといったクリエイティブな分野では、近代教育がもたらした標準化されたフレームワークの中で物事を考えていると、独創性が生まれづらくなります。文脈を理解し、それをいかに超克するか、という発想が常に必要なのです。

「機械知能」と「人間知能」の融合が進む時代においては、近代のもたらした標準化の障壁を取り外して考えるべきでしょう。

産業革命からインターネットが普及するまでの間に形成された「当たり前」を疑い、「なぜ」と問いかけられる力が必要です。格差社会といわれていても、ゲームの変革期には多くのチャンスが来るのです。

これまでの日本は、近代教育とマスコミュニケーションによる標準化・均質化が、工業的な品質向上に最も効果的に作用し、人口の増加カーブがそれに追従し、産業を押し上げた国家の一つだったと僕は考えています。戦後日本は最も成功した社会主義モデルと言われる理由も、ここにあるのではないでしょうか。

今後も人口増を前提とした国家であり続けられるのであれば、そのままでもよいのかもしれません。しかし、これからは違います。日本の人口は確実に減っています。政策、経済計画、教育、社会インフラ、ありとあらゆることを人口減少と現在の産業構造に合わせて変えていかなければなりません。

人口減少に加えて、喫緊の課題が高齢化社会です。

これからは加齢によるさまざまな疾患から、先天的あるいは後天的に抱えなければならない身体の不自由に至るまで、僕たちはテクノロジーの力で解決できるようにならなくてはなりません。こうした社会の課題に貢献するようなテクノロジーを研究開発し、それを社会に実装するためにも、従来の近代教育の枠組みの外側に立った思考が必要になるのです。そういったこれからの日本社会や、グローバル社会の仲間を支えるために、彼らが生きづらいと感じるような近代的標準化の枠を壊し、社会全体を更新していくためにも、新しいマインドセットが新しい常識になる必要があると僕は考えています。

＊1　**コンピューテーショナルな社会**　コンピュータによる個別最適化に基づいた新しい社会。近代国家が国民を標準化することで効率的に管理するのに対し、来るべきコンピューテーショナルな社会では、個人がテクノロジーの力で環境に合わせて最適化されることで、人間本来の多様性を維持したまま高効率な社会運営が可能になる。

＊2　**明治期の人口の自然増加**　明治時代に日本の人口は急激に増加しました。明治初期の人口は約3300万人だったのが、明治末年には5000万人にまで増加しています。要因としては、医療技術の向上による出生率の向上と死亡率の低下などが挙げられます。

＊3　**国民を、標準化・均質化**　明治政府による国民の標準化・均質化政策の一つが戸籍制度です。当時の政府は戸籍制度を非常に重視し、明治5年（1872年）には最初の戸籍である壬申戸籍が作成されています。もう一つの要である教育制度は、明治5年の「学制」の発布からわずか3年で全国に2万校以上の小学校が設けられました。

＊4　**山本七平**　日本の社会構造の中で空気が重要な位置を占めることを研究し、『「空気」の研究』『日本教の社会学』などの著書で知られています。

＊5　**富国強兵**　中国で春秋戦国時代に行われた政策。日本では、国内経済力の発展を図り、近代的軍事力の強大化を目指した明治政府のスローガン。

＊6　**インフラの撤退戦**　現在の日本のインフラは、1964年の東京オリンピックから1970年代の「日本列島改造論」（田中角栄）の時期にかけて作られたものが多く、建造から約50年を経て老朽化が進んでいます。人口減少や少子高齢化の中、いかに社会に合ったインフラを再構築するかは、大きな課題とされています。

＊7　**窮理図解**　福沢諭吉が書いた物理学書。1868年刊。英米の書物を参考に、自然現象を通俗的に解説。窮理学ブームを引き起こしました。

＊8　**新渡戸稲造は「武士道」**　新渡戸稲造は、明治から昭和時代前期の教育者。アメリカ・ドイツに留学し、京大教授・一高校長・東大教授・東京女子大学初代学長を歴任。また、国際連盟事務次長を務め、国際的にも活躍。『武士道』は、新渡戸稲造による英文の著作。日本人の道徳観を説明するために、武士道について論じたもので、明治32（1899）年にアメリカで出版され、その後英語圏以外でも翻訳されました。

＊9　**鈴木大拙は「禅」**　鈴木大拙は、明治〜昭和期の仏教哲学者。東京大学選科卒業後、27才の時、渡米。『大乗起信

論』を英訳、『大乗仏教概論』の英文出版を行い、仏教や禅の世界を紹介。帰国後は学習院大学教授、大谷大学教授を歴任。その後も数次にわたり渡米し、仏教、特に禅の思想の研究・普及に努めました。

＊10 **岡倉天心は「茶」** 岡倉天心は、明治〜大正の美術運動の指導者。東京美術学校校長。のち、門弟である横山大観・菱田春草らとともに日本美術院を創立。その後ボストン美術館の東洋部長を兼任。『茶の本』『東洋の理想』などの英文書を英米で刊行し、日本文化の紹介に尽くしました。

＊11 **わび茶** 茶の湯の一形態。華美な道具や調度を排して、簡素簡略である「わび」の精神を重んじたもの。村田珠光が始め、武野紹鴎（たけのじょうおう）を経て千利休が大成。

＊12 **千利休**（1522〜1591年）安土桃山時代の茶人。堺の町衆の家に生まれました。茶道の大成者で、千家流の開祖。日常雑器に茶道具を加えるなど、茶器や道具に工夫を凝らし、「わび茶」の完成に努めました。豊臣秀吉に仕えましたが、後に切腹を命じられ、自刃。

第2章

落合陽一は
こう作られた

どんな教育を
選び、どう
進んで来たか、
生成過程

幼少期

習い事は自分で選び、家庭教師から学ぶ

第1章で述べたように、僕は3才頃から6才頃まで、午前中は幼稚園や小学校へ行き、午後はだいたい興味のある習い事の時間にあてる生活で、さまざまな専門分野の先生から教わっていました。

- 月曜　**ピアノと音楽**（家族の知り合いのピアニストが自宅に来てくれる）
- 火曜　**算数と理科**（東大大学院生が自宅に来てくれる）
- 水曜　**空手教室・体操教室など**
- 木曜　**実験教室など**
- 金曜　**絵画**（隣に住んでいた画家に教わる）
- 土曜　**公文式**

幼少期のことなので細部の記憶が定かではないのですが、1週間のスケジュールはおおむねこんな感じだったと思います。

これらの習い事は、すべて自分がやりたいと言い出した後、やっていたことで、親から強制されたものは特にありません。昔から自分がやりたくないことは続かないからです。

家庭教師や個別指導のよいところは、専門性が高い人から、自分に合うように、カスタマイズされた教育を受けられることです。昔の貴族も個別教育が基本でしたし、インターネットが発達した今、マッチングは比較的楽なのではないでしょうか。また、教わる側からしても毎回関わる指導者が違うので、気持ちが切り替わることもメリットです。

ピアノを習うといっても、お決まりのバイエルの教則本を弾いたりしたことはなく、先生と楽譜を書きながら、「こんなふうにしたら楽しいんじゃない?」とおしゃべりしながら弾いてみたりする遊び感覚。絵画も、先生と一緒に作品を見ながら会話をする中で、ありきたりな解釈にとらわれない、奥行きのあるアートの見方や、手の動かし方を学ぶことができました。

理科の実験をさせてくれる教室は自宅から歩いて行けるところにあって、これも楽しくて通っていました。

公文式は一斉授業ではなく、生徒の力に合わせる個人別学習スタイルが気に入りました。やる気さえあれば、学年を超えて高いレベルの学習に取り組むことができます。受験のためなどではなく、計算力・集中力を鍛える筋トレのようなものでした。

空手などの運動は幼少期の体験教室などから始めて、小学生の時から高校の頃までやっていました。体を動かさないと脳も活性化されないと、大人になってからは身をもって感じますが、プロレベルの身体能力は小学校の頃にはほぼ決まってしまうことからもわかるように、小さい頃からの習慣は大切だと思います。

もちろん、自分の好きなように学び、その子ならではの能力を伸ばせるように、子供に合わせた教育をしてくれる幼稚園があればそこでよいのですが、集団保育では価値観の質が集団に依拠するため、「標準化・均質化」しがちです。そこは正課と課外教育のバランスが必要です。今はインターネットも発達しているため、機会は与えやすくなりました。

好奇心の扉を開けた「ねじ回し」

僕はなぜか、幼稚園の頃から、周囲の子に合わせたり、みんなと同じことをしたいという意識があまりありませんでした。小さい頃から共感性が薄いのかもしれません。

みんながドラゴンボールごっこをしていても、自分は暴れん坊将軍[*1]ごっこがしたいと主張するような子でした。当然、誰も一緒にやりたいと言ってくれません。だったら自分ひとりでやるか、となるタイプでした。

一人で遊ぶことも多かった僕が、はまっていたのは「分解」です。
3、4才の頃からいろいろなものをバラバラに分解するのが大好きでした。ねじ回しや工具を買ってもらってからは、受話器や電卓など、とにかく自宅にあるいろいろなものを分解しました。
機械の中がどうなっているのか、どんな仕組みで動くのか気になって仕方がなかったのです。電話機は、きっとものすごい機械で構成されているに違いないと思って期待したのですが、開けてみると意外と単純なつくりで、使われている部品も想像していたよりもずっと少なくてがっかりしました。

感動したのは電卓です。緑色の基板の上に樹脂で固定され、たくさんの配線が伸びているICチップは、まるで生物的な板のように見えて興奮したものです。

家族に感謝しているのは、家の中のいろんなものを分解しても、叱らないでくれたことです（さすがに電話機は叱られましたが……）。子供の好奇心や集中力を伸ばすためにも、子供が夢中になっていることは、危険なことでない限りは（分解は感電や思わぬケガに注意してください）、やりたいだけやらせてあげてほしいなと思います。

検索癖は、図鑑と辞書から始まった

小さい頃から、図鑑や辞書が好きでした。写真がたくさん載っている生き物図鑑を夢中で読んでいたし、文字を覚えてからは『広辞苑』など辞書を読むのも好きでした。知らない単語が出てきたらとりあえず辞書を引くという子でした。あと、特に理由がなくても、辞書を読んでいるのが好きでした。

今も気になることがあると、すぐにスマホやインターネットで検索しますが、その習慣はこの頃についたのかもしれません。

普段いろいろな方と会話をしていて感じるのが、「○○ってわかる?」と聞くと、「知らないですね」などと答えるだけの人が多いことへの違和感です。1秒か2秒、時間をかけて検索すればすぐにわかりそうなことなのに、調べる癖がついていない人が多いと感じます。もちろん、その場で調べるのが失礼だと思っているのかもしれませんが、それは近代教育の弊害だと思います。

「子供に自分で調べる習慣をつけたい」という親御さんは、ゲーム感覚で子供と一緒に辞書を引く遊びをやってみるとよいと思います。たとえば、英単語を一緒に探すゲーム。「英語辞典で一番最初に出てくる英単語って何だと思う?」と聞いてみます。

「Aから始まるから、A―A何とかって単語はあるかな?」

「A―Aは思いつかないから、A―Bだと何があるんだろう。ableかな?」

「いや、その前にabilityがあるよね」

「よし一緒に調べてみよう。おお、abilityの前にabacusがある!」

「abacusってなんだろう。『そろばん』のことか! もっと他にないかな、よし、ウィキペディアでも調べてみよう」

こんな調子です。辞書もいろいろな種類のものがあるし、調べ方も一つではないので、工夫して探すようになるでしょう。このゲームは正解、不正解をつけるというよりは、新しい答えを探し出して提示するイメージです。ゲーム感覚ですが子供にとっては、大人にもちょっと難しいことを一緒にやるという強烈な体験なのです。

「悔しいからabacusより前にくる単語を絶対に探してやる」と、一生懸命新しい単語を調べながら過ごすのも、なかなか知的な時間ですし、「じゃあ、辞書の最初に載るような言葉を発明してやる!」なんて発想もクリエイティブで楽しいですよね。たとえば、「A5等級のお肉」とか「AAAI」という人工知能の国際会議とかは固有名詞ですが、「A」が続きますよね。そういったところから興味が広がるかもしれません。

ちなみに、僕ら研究者が調べたいことは、Google検索では見つからないものもけっこうあって、専門的な論文にしか出てこないことも多々あります。

そして、論文のデータベースを検索してもわからないことは、研究します。調べても出てこないということは、誰も調べたことがないということなので、研究するしかないのです。つまり、研究とは誰かのための教科書となるような事実を調べることでもあり、自分がぶつかった問題を克服しながら社会に知の一次生産者として向き合うことなのです。

ですから、ネットで得た情報も、鵜呑みにするのではなく、その情報を自分なりに解釈したり、他の情報と結びつけて深く考えることを繰り返すとよいでしょう。より思考力が深まります。そういったところから知的な生産の習慣は始まっていくのではないでしょうか。

小学校時代

小3でカメラを持ち、観察力を磨く

カメラは小学生の頃から好きでした。きっかけは、小学校4年生の時に、両親がビンゴ大会

で当てたカメラを譲り受けたことです。

今でもカメラは常に持ち歩いていて、ツイッターやインスタグラムに自分が撮影した写真をアップしています。フォローしてくれている人も多くリーチも多いので、できるだけよいカメラを使って撮影するようにしています。そうやって自分の目で見た世界を発信し続けることで誰かに視座を共有したいという思いがあるのかもしれません。

僕のラボは、モノの見た目をコンピュータを使って表現したり認識したりすることを専門の一つとしているので研究でもカメラを使うのですが、そういった研究で使うカメラは大きいので、普段はライカのM10を持ち歩いていることが多いです。

写真を撮るのは得意なことの一つです。その理由は視覚情報を使ってよく対象を観察しているからだと思っています。カメラで撮影している時は、自分の目の瞳孔がどのくらい開いているのかを感じ取りながら、対象物をよく見ています。

自分の目で見るのと写真で見るのとでは、その対象物の見え方がかなり違います。写真は、物のサイズ感や光り方などを客観的に見られるのがよいところです。肉眼で物を見ている時は現実のサイズに見えていません。たとえば月のサイズなどは、意識が月に集中してしまうので、実際のサイズよりも心理的に大きく見えてしまいます。しかし、写真で撮ると、意外と小さいということがわかります。その違いに気がつくことが重要で、カメラで撮影すると主体と客体を行き来する観察力が磨かれます。

夜景を撮影するなら、対象物を見ながら、景色の中でどの部分に光が反射し、その影響がどこに反映されるのかを考えながら、相当気合いを入れて撮影しなくてはなりません。たとえば、月の照り返しが海の水面に美しく映えるようにするには、絞りやシャッタースピードの設定をどうすれば最適になるのか計算します。僕は設定はオートでは撮らないのでマニュアルで光を考えて対象を観察することで絵づくりが生まれます。

夜の月や水面の場合、光量の少ない夜景ですからスローシャッターで撮りますが、カメラを固定しないとブレてしまって美しく撮れません。僕はいつでも腰に三脚やレリーズをぶら下げて持ち歩いています。そういった自然体の観察の中に道具も持ちあわせていることがやりたいことをやるということなのだと思います。

こういうことをやり続ける上で大切なのは撮影する時に構図はもちろん、光の反射や影、シャッタースピードや絞りのことを考えて「自然に」観察しているかどうかです。

こういった光の量に関する考え方は、一見アートに見える写真の中でもサイエンティフィックな話です。カメラで綺麗な夜景を撮るためには、

① 作品としての構図を考える。

② 夜の光を撮る露出やセンサーの特性を考える。
③ スローシャッターでもブレないように道具を用意する。

という、スキルや準備が必要になります。

ここでは構図を考えるアート的な感覚と同時に、露出の知識や振動を防ぐ物理の知識が求められます。そういったサイエンスとアートの両輪を使うところもカメラが好きな理由です。

8才でコンピュータに触れる

僕が初めてコンピュータに興味を持ったのは8才くらいの時です。おそらくテレビや雑誌の広告を見て魅力を感じたのでしょう。

ちょうどマイクロソフトのOS「Windows 95」*2が登場し、大きな話題になっていました。当時のパソコンはとても高価で、今のiPhoneよりはるかに処理速度が遅いパソコンが、1台40万円くらいで販売されていました。

インターネットも、パソコンソフトも当時は仕事道具であって、一般家庭で子供がいじって遊ぶほどには普及しておらず、僕の家にもパソコンはありませんでした。

小学生にとっては、とても高価な買い物だったのですが、どうしてもパソコンが欲しかった僕は、祖父にパソコンの必要性を力説して、なんとか買ってもらいました。我が家には、自分の欲しいものは、きちんと理由をプレゼンし、それが認められれば買ってもらえるというルールがありました。だから、インターネットがなぜ必要か、自分がパソコンを使って何をやりたいのかを一生懸命考え、祖父に伝えたのです。

購入したまではよかったのですが、僕の家族は、パソコンに関する知識は全くありませんでした。そのためセットアップもネットワーク接続も、マニュアルを見たり、オペレーターに問い合わせをするなどして、試行錯誤を繰り返しながら、すべて自分でやらなくてはなりませんでした。オペレーターも小学生が電話をかけてきたので驚いていました。

そうして何とか初期設定を終えたパソコンを使って、初めのうちはホームページを作ったりして遊んでいました。

特に好きだったのは、CGのソフトです。3Dでムービーを作れるCGソフトも買ってもらったのですが、その頃まだ3D表現は珍しかったこともあって、すぐに夢中になりました。グラフィックソフトで絵を描いたり、それに合わせた脚本を作ってセリフを録音しながら、立体的な世界観を表現するのはとても楽しい作業でした。

自分でCGを作って動かす遊びを繰り返すうちに、「今の僕風」に言えば実際に目の前にある物質と、コンピュータの中で動く映像はどう違うのかという疑問が生まれました。

現在、僕が研究している分野の一つに、コンピュータで光と音を制御し、特定の場所に集めるような処理をする「計算機ホログラム」という分野があります。

コンピュータで作る映像や光・色と、実際にある物質との境界をどう超えていくのかが研究テーマです。これは、子供の頃から、映像などの実質的（バーチャル）なものと、現実にある物質との「あいだ」にあるものに興味があったからです。僕はそのどちらでもないものが見てみたかったし、物質と映像という別々の世界にあるものを、「映像的な物質」や「物質のような映像」で表現できないかと考えるようになったのです。

中学校時代

ギターを分解し、波動の魅力を知る

中学時代は地元の公立中学校に通っていました。

中学校では科学部に入り、いろいろな生き物の解剖をしました。機械同様、生物の体の中の仕組みが気になって仕方がなかったのです。

魚や昆虫、ネズミ、鳥などを解剖して、鳥類と恐竜の骨格が似ていることを実際に目の当たりにして感動したりしていました。

中学校で始めたギターも恰好の分解対象でした。

当時はミュージシャン志向があり作曲も始めていたので、何本かギターを持っていたのですが、分解したり改造するほうが楽しくなっていきました。ギターを分解するうちに、電子回路に手を加えてもっとよい音になるように工夫したり、オシロスコープ[*3]につないだりするようになりました。部品を変えると、音が全く変わってしまうことに驚いたし、今の僕の専門分野である波動に興味を持ったのも、このギターの分解がきっかけになっています。

さらに高校時代にシンセサイザーを使うようになると、コンピュータを媒介することで波動を制御できることがわかりました。僕は、音楽がきっかけで波動に興味をもったわけですが、波動を感じる感覚は、音が一番わかりやすいのです。

視覚は集中しないと見えません。たとえば、表面に細かい凹凸がたくさんある板をこすりながら耳をすますと、ザラザラした音が聞こえますよね。その現象を視覚で捉えようとしても、なかなか難しいでしょう。もし無理にでも目で見ようと思ったら、たとえば、板の表面に光を当てて、その反射を使って、拡散反射であることを確認するといったやり方で把握するしかありません。そういった五感の知覚と理数系の知識がシナジーを生んで、今のスタイルになってきたのだと思います。

ニーチェを読み、ディスカッションの習慣がつく

僕の父は、子供相手でも、「ニーチェを読んでないヤツとは話ができない」[*4]などと言うような人だったので、中学時代からニーチェはよく読むようになり、その影響もあってドイツ哲学に興味を持ちました。ニーチェは難解で解釈もさまざまですが、詩的で鬱な面がありつつも筋肉質な感じが好きで、自分に気合いを入れたい時には今でも読み返します。

父は多忙だったので、自宅で顔を合わせることは少なかったのですが、父の仕事柄、家族の会話は時事的な話題が多く、会話からディスカッションに発展することもよくありました。

ニーチェを薦めたことからもわかるように、父は子供をあまり子供扱いしない人だったので、議論をする時は揚げ足を取られないように、徹底的に調べて準備をしていました。

自分が納得するまで調べてから話したり、ディスカッションするという習慣は、家庭の中で自然に身についたような気がします。

大学のゼミでも学生たちとディスカッションをするのですが、もう少し小さい頃からディス

カッションをしたり、下調べをした上で自分の考えを持って話すという習慣がついているといいなと思うことがあります。

たとえば、毎年『アルスエレクトロニカ』[*5]という、オーストリアのメディアアートの展覧会に大学のラボの学生たちと参加しています。そこでは、ＭＩＴ[*6]の石井裕先生とよくお会いするのですが、石井先生は僕のラボの学生に突然、「君のレゾンデートル[*7]は何？　１４０字以内で答えて」といったような質問をするのです。「君がここに存在する意味は何？　君はどんな人なの？」と聞かれても、即座に答えられる学生はなかなかいません。

「僕は展覧会の作品を撮影しに来ました」などと答えようものなら、「それは見ればわかるから、なぜ君が撮影しないといけないのかを説明して」、と言われてしまう。

一見、酷なようですが、自分が学生の頃は、こうした質問にも何とか答えていたと思いますし、石井先生が教えているＭＩＴの学生さんは、常にこういう訓練をしているのでしょう。そういう意味では、自分が今、そこに存在している理由や行動原理を常に言葉にしていくことは、自分の内省や次の行動につながる重要な価値ではないでしょうか。

高校時代

青春18きっぷで、全県を旅する

高校時代は、青春18きっぷ[*8]を使って友達とよく旅に出かけていました。普通列車と快速列車しか使えないので、乗り換えが大変なのですが、移動の工夫をしながら旅をしたのは楽しい思い出です。

あの頃は、乗り換えアプリ[*9]の「駅すぱあと」も使っていましたが、ギリギリの乗り換えを狙うのが難しかったりいまいち精度が低かったので、調べた後で時刻表でも確認しながら乗り継ぎをしていました。

知識として聞きかじっていたものやことを実際に見てみよう、体験してみようというノリで、結局、高校時代に全国すべての県庁所在地を回りました。特に印象的だったのは、香川県と北海道です。香川はとにかくうどんが安かった。単品はもちろん、定食にしても500円を切る価格帯には驚かされました。まださぬきうどんが都内に今ほどチェーン店展開されていなかった頃で、生醤油でうどんを食べるという食文化を初めて知った時は、カルチャーショックを受けました。それ以来、そばもうどんもまずは何もつけないで食べるようになりました。

北海道はその広さに圧倒されました。地図で見ただけでは100㎞単位の距離を実感できませんでしたが、訪れてその広さを体感しました。逆に、大人になってからアイスランドに出張した時にグリーンランドを上空から眺めていた時には、横断時間も短く意外にも狭いことに驚かされました。グリーンランドは北極に近いので、メルカトール図法の地図では実際の面積よりも大きく表されてしまうのです。

旅に出るようになって気づいたのは、情報を集めたり話を聞いて想像するのと実際に見るのとでは、解像度が全然違うということでした。

これからテクノロジーが発達すると、情報の解像度はより高くなり、現実はその解像度の高い情報によってさらに被膜されていくことになるでしょう。それは、注意深くテクノロジーを使って観察する人にとって五感がより拡張される世界なのではないでしょうか。

速読を身につけ、鮎にはまる

高校時代、受験勉強のついでにSEGという塾の速読講座に通ったのですが、その経験は今も役に立っていると感じます。

仕事で膨大な論文や資料を一気に読まなければならないことも多いのですが、速読を身につけると、本を読みこむのには時間がかかるという先入観がなくなります。おかげで研究や仕事の能率は格段に上がったと思います。目は鍛えるものという発想も新鮮な発見でした。

食べ物に関しては、昔から相当偏食だったと思います。最近は、グミばかり食べている人、カレーをストローで食べる人、なんて印象を持たれているようですが、幼稚園の時はシーフードピラフが好きで、毎日お昼にシーフードピラフばかり食べていました。なぜかというと、幼稚園の給食が好きではなかったので、祖母が毎日お昼に幼稚園まで迎えに来て、シーフードピラフを食べさせに連れて行ってくれたのです。「みんなと同じものを食べなさい」と言わずに、よく僕の意思を尊重してくれたと今でも思います。とんでもない話なんですがありがたいことだと思っています。

また高校時代は一時期、鮎にはまり、自分で鮎ばかり焼いて食べていました。鮎は今でも大好きです。複雑なものを複雑なままで食べられる料理が好きなのですが、まさに鮎は複雑の極みです。頭からしっぽまで丸ごと食べるので、白身の淡泊さの中に苦みもあったりして、相当複雑な味がするのです。また、清流で捕れた天然の鮎と養殖の鮎では味が全然違います。育った環境によって複雑に味が変化するので、地球の天然資源をそのまま食べる行為に近いと感じるし、そう考えるとますます好きになります。同じような理由で牡蠣や鰻も好きです。体力が低下している時はよく、牡蠣を食べると倒れたりするのですが、それでもやめられない非合理的な選択を楽しんでいます。

受験勉強はポイントゲームだった

大学受験が近くなると、周囲の影響もあってか受験勉強をしていました。ただ、僕にとって、そういったすべてのテストは単なるゲームの一つに感じてしまっていました。そもそも受験勉強はポイントを効率よく稼ぐためのゲームにすぎない。そう思っていたので、よかったこととしてはバリバリの近代教育を受けながらも、余計な倫理観が身につかなかったこともあるかもしれません。悪かったこととしては、受験に合格することが目的というよりは、ポイントを取ることの楽しさ以上に価値を見いだせなかったのです。これがいまいち受験に身が入らなかった理由かもしれません。でも、生活の一部としてはすごく楽しかったのを覚えています。必死で英単語を覚えたり、歴史の年表を覚えたりする作業がどこか滑稽で気持ちよかった。当時からよくファミレスでノートを書いたりしていたことを覚えています。

大学・大学院時代

「鉛筆転がし」から学問の楽しさに目覚める

そんな調子だったので、東大受験には失敗し、一浪して前期は東大、後期は筑波大学に出願した時は、学部はもうどこでもいいと思って、鉛筆を転がして決めました。今思うと投げやりですが、高校の同級生が皆東大にいくので、他の大学のことはあまり知らなかったのです。

それで鉛筆転がしの結果選ばれたのが「筑波大学情報メディア創成学類」[*10]という学部でした。コンピュータを扱う学部だったのですが、小学生の頃からコンピュータやインターネットに詳しかったのと、とにかくいろんなことができそうな学部だったので、何でも試してみたい僕にはとても合っていました。大学に入ってからは、授業にもよく出ましたし、ゲームとしての勉強ではなく、研究室に通ったりしながら学門のための、より本質的な勉強をするようになりました。

それまでは娯楽として本を読んでいましたが、大学に入ってからは勉強として読む本が増えたと思います。当時、生物学類にいた先生から1日1冊本を読みなさいと言われたので、岩波文庫を買い集めたりして、かなりの量を読んでいましたね。影響を受けたのは、[*11]ノーバート・ウィーナー、[*12]マックス・ウェーバー、[*13]マーシャル・マクルーハンなど。特に、ノーバート・ウィーナーの[*14]『人間機械論』には大きな影響を受けています。

研究者、そして「現代の魔法使い」へ

大学で学問の楽しさやスケールの大きさを知った僕は、研究や制作にも打ち込むようになりました。そして東大の大学院に進みます。

在籍中の2012年、世界で初めて薄膜の反射制御スクリーンの作成に成功し、BBC（英国放送協会）などのメディアに取り上げられました。2014年には超音波ホログラムの音響浮揚の研究をしていて、「現代の魔法使い」という呼び名を堀江貴文さんがつけてくれたのもこの頃です。2011年から2015年くらいはとにかく研究や作品づくりを多くしていたので、ここにはあげませんが、作品や研究に興味がある方は『デジタルネイチャー』か[*15]『魔法の世紀』を読んで下さい。特に『魔法の世紀』は博士一年生の頃に書き始めた本で当時の肌感覚がよくわかると思います。

今の考え方につながるきっかけとなったのは、同年に『花鳥風月の分解法』という作品を制作した時に、「実質」と「物質」を区別しているのは解像度だと気づいたこと。子供の頃に疑問を持った、現実のものと映像の中のものを区別している原理になんとなく気がついたことです。これが後に、「デジタルネイチャー」という概念へと向かうきっかけになりました。

大学院修了後

起業後に筑波大学助教に着任、大学に再就職

東京大学学際情報学府にて博士号を取得。2015年に「ピクシーダストテクノロジーズ」というベンチャー企業を立ち上げ、筑波大学の助教になりました。

僕が〈近代〉に由来する概念を相対化して捉えるようになり、今の世の中の風潮や空気から影響を受けなくなったのは、博士号を取る前くらい。『魔法の世紀』を上梓した2015年頃には、だいぶ〝今の僕〟になっていたと思います。

大学の教員と企業経営を兼任する中で、もっといろいろな企業と連携して研究開発をしたい

と考えるようになりました。しかし、国立大学の教員という立場は、国民の税金から給料をもらっているため、営利組織である企業との共同プロジェクトを進めることに疑問を投げかける人も出てきます。

さらに、大学は基本的に研究成果を主体的に事業化しないため、企業と共同研究する場合でも、大学の研究者側はリスクをとりません。自らリスクをとって新しい産学連携のモデルを実践しながら、知財やプロダクトを社会に実装するにはどうすればいいか考え、ある結論に至りました。

2017年、筑波大学の助教という正規のポストを辞職し、大学と自身のベンチャー企業で対等な関係性で共同研究を始めることで筑波大学の中に自分が経営する研究室を設立。自分の会社から自分を大学に派遣する形で准教授に着任しました。自分への給料を大学からではなく、自分の会社から支払われるしくみにしたのです。こうすると僕が大学教育に携わることはある意味でボランティア活動に近くなり、研究は大学と企業で行う戦略的なものになる。

これは、日本ではこれまでになかった産学連携スキームです。

大学の所属を離れ、大学と対等な立場で契約を結んだことで、大学からは施設や設備の提供を受け、企業からは出資を集めたり人材を派遣してもらえるようになりました。

さらに、企業に求められる人材を想定した学生を育てることができるのも、このスキームのメリットです。産学連携したプロジェクトに関わることで、学生でも実社会の諸問題にアプローチできるだけでなく、企業側から提供を受けた研究費を使えるため、科研費以上のコストをかけて研究することができるし、産学連携の事業化プロジェクトに関わる学生にも賃金を払うことができるのです。

社名の「ピクシーダストテクノロジーズ」は直訳すると、「魔法技術」という意味になります。これは僕が2014年に書いた「Pixie Dust」という論文のタイトルがもとになっていて、魔法のように生活に溶け込むコンピュータ技術を使いながら、新しい産学連携のモデルを実践し、今後さらに価値のある研究成果を社会実装していくことを目指しています。

ルールがないアートと研究はゲーム化しない

大学では、「研究はゲームではないけれど、論文を通すテクニックそれ自体はゲームだ」とよく学生に言っています。

研究にはそれ自体にはルールが存在しないため、ゲーム化できません。決められた手法がないし、結論もないし、評価関数もないからです。倫理の許す範囲で自由に思考を働かせ問題を自ら打ち立て、考え抜くやり方です。一方、論文は一つのプレイスタイルを持った、ある種のゲームです。ルールがあり、ノウハウがあり、ズルをしたら失格になります。

同様に、アートは販売を考えた場合、マーケットでいくらで売れるのか、どうやったら高く売れるのかというゲームになります。けれども、アートを作ること自体にはルールがありません。市場で高い評価を得ようとするのはゲームですが、その根本となる表現や文脈との接続はゲーム化しないのです。

そう考えると、アートと研究は似ているところがあります。どちらも僕は専門にしているわけですが、僕の中では、それを行うこと自体に価値があって、ゲームとして攻略法を追求することには興味が薄いのです。

「落合先生は、研究論文を書く時間があれば、実験していることが多いですね」と学生によく言われることがあります。それは、論文を書くよりも、実験したり研究している時間のほうが貴重だからです。最近は本当に時間が足りないので、論文の締め切りに間に合わなくても仕方ないと割り切っていて、それよりも、自分が本当に研究したいことを研究するための時間を作ることのほうが、僕には大事になってきているのです。論文は研究し終わったら書くものであり、何かを明らかにしたいという内なる動機が大切で、それを満たす実験の時間が僕にとっての大切なひとときです。

これはクリエイティブの本質に関わる話で、アーティストにとっては、どう評価されるか、どう売れるかよりも、アートを作りたいという初期衝動のほうが重要だと思っています。作ることよりも先に、その分野のプレイスタイルに合わせることを考えていたら、よいものはできません。

ミュージシャンが、いかに新曲をヒットチャートの上位に食い込ませるかを工夫するのはゲームかもしれません。しかし、自分の新しい曲を世に出したいという衝動はアートの領域に属します。そして、後者の部分が抜け落ちると、エンターテインメントであるにもかかわらず、それは単なるマーケティングの「作業」にしかなりません。

そう考えると、僕にとっての研究は、ミュージシャンが新曲を出す時と同じ感覚で、売り方よりも先に、そのこと自体に価値があるという考え方なのです。

父親として

親としての「佇まい」を意識する

子育てで大事にしていることは「佇まい」でしょうか。

人の「佇まい」を生み出すオーラについても、僕は大事だと考えています。それは芸能人のような特別なオーラを纏えばよいということではなく、家族や身近な人から見た時に、安定感があるとか、優れた集中力を感じさせるとか、やるべきことをやっている雰囲気が常に漂っているオーラを出せるといいなと思っています。オーラというと非科学的に感じるかもしれませんが、ここでいうオーラとは、所作のことで、作業や仕草のひとつひとつから出る特徴のことです。

つまり、日常のあらゆる場面で、「自分にはやるべきことがある」という思考に基づいて行動できるかどうかなのでしょう。僕は結構適当で、奔放な性格ですが、利害や損得を超えたところで「何かをやらなければならない」という考え方は常に持っているつもりです。社会や文化のために何ができるかを日々考え続けること。

そういった姿勢は、家庭の文化として子供に受け継がれていくような気がします。

さらに、前述しましたが、子供と接する時に心がけているのは、本人がやりたがっているなら危険なこと以外はやらせておく。そして、嫌がることは無理強いしないで、なるべく本人の意図を汲むようにしています。「普通はこうだからこうしなさい」「他の家もこうだからこうしなきゃダメ」ということは絶対に言わないことにしています。

僕自身、他人との比較に興味がないからかもしれません。他人に興味がない人が増えれば、もっとみんな自由に生きられるのに、と思うこともあります。コアな価値は自分自身の中にある。それを信じることから始まるのです。

共感性のないことは他人への思いやりを持たないという意味ではありません。もし道で人が倒れていたら、「大丈夫ですか?」と声をかけるだろうし、周囲の人に迷惑をかけるようなこともなるべくしたくありません。困っている人を助けるのは当然だし、助力を求めている人がいればできるだけ協力したいとも思います。それは周囲と自分を比較したり同調した結果としての振る舞いではなく、個人の美意識の問題です。ゲーム性を自覚し、プレーする楽しさを見いだすことと、美意識を長い時間かけて醸成すること。自分の信じる美意識からにじみ出る

「佇まい」を、親が日頃から子供に見せていれば、子供はそこから言葉で伝えられること以上に、多くのことを学ぶでしょう。

＊1 **暴れん坊将軍**　八代将軍、徳川吉宗を主人公にしたテレビ時代劇。１９７８（昭和53）年から２００２（平成14）年にかけてテレビ朝日系で放映。主演は松平健。将軍・吉宗が貧乏旗本の徳田新之助に身を変えて、世の悪を退治します。

＊2 **Windows 95**　マイクロソフトが１９９５年に発売したパソコンのオペレーティングシステム。宣伝文句は「使いやすさと性能を向上させたコンシューマ向けＯＳ」で、ＡＰＩの32ビット化、マルチタスク、本格的なグラフィカルユーザーインターフェース（ＧＵＩ）を備え、インターネット機能が充実。発売数週間で出荷数は７００万台を超えるヒットとなり、パソコンの普及に貢献しました。

＊3 **オシロスコープ**　波形測定器。電気的な振動をスクリーンに表示する装置。温度、湿度、速度、圧力など、測定する現象が電圧の形に変換できるものであれば、その変化量を測ることができます。

＊4 **ニーチェ**（フリードリヒ・ニーチェ　１８４４〜１９００年）ドイツの哲学者。19世紀当時、西欧で支配的だったキリスト教的価値観を、「神の死」やニヒリズムなどの概念を通じて痛烈に批判。「超人」「永劫回帰」といった独特の思想を生み出し、20世紀の実存主義哲学やポストモダニズムに絶大な影響を与えました。

＊5 **アルスエレクトロニカ**　オーストリアのリンツで開催されるメディアアートの世界的なイベント。イベントでは、展覧会、パフォーマンス公演、作品上映、シンポジウムの他に、「アルスエレクトロニカ賞」を主催しています。グランプリのゴールデン・ニカ賞は「コンピュータ界のオスカー」とも呼ばれています。

＊6 **ＭＩＴの石井《いしい》裕《ひろし》先生**　コンピュータ研究者、工学者。アメリカ・マサチューセッツ工科大学教授。専門は情報工学。

タンジブル・ビット研究の創始者。

＊7 **レゾンデートル** Raison d'être 主に実存主義で使われたフランス語の哲学用語で、「存在理由」や「存在意義」の意味。周りから見た、あるいは他人との比較から生じる存在価値ではなく、自分自身で求める存在意義や生き甲斐、自己完結した価値のこと。

＊8 **青春18きっぷ** JRが発行する、JRの普通列車、快速列車が1日乗り放題になるお得な切符。1日有効×5回分で11，850円（2018年11月現在）。国鉄時代の1982年に「青春18のびのびきっぷ」として発売が開始されました。

＊9 **乗り換えアプリの「駅すぱあと」** 電車・路線バス・高速バス・飛行機・フェリーなど、公共交通機関の発着時刻の検索、乗り換えを調べられるアプリケーション。1988年に日本初の〝乗り換え案内〟として「駅すぱあと首都圏版（MS-DOS）」が発売され、今日までバージョンアップが繰り返されています。

＊10 **筑波大学情報メディア創成学類** 情報メディア科学と処理技術についての知識と領域横断的な学力、思考能力を養う学類。履修する科目は、コンテンツそのものに関わる科目とネットワークメディアに関する科目があります。これからのネットワーク情報社会における新しいコンテンツとネットワークメディアを創成できる能力を身につけた技術者、研究者育成を目指しています。

＊11 **ノーバート・ウィーナー**（1894〜1964年） アメリカの数学者。サイバネティックス（＝人工頭脳学）の提唱者で、現代のロボティクスやオートメーションにも影響を与えました。サイバネティックスとは、通信工学と制御工学をもとにして、生理学、機械工学、システム工学を統一的に扱い、生物と機械の通信や制御について研究する分野です。

＊12 **マックス・ウェーバー**（1864〜1920年） ドイツの政治学者・社会学者・経済学者。主著は『プロテスタンティズムの倫理と資本主義の精神』。西欧での近代資本主義の成立の背景にプロテスタンティズムの合理的かつ禁欲的な倫理の影響を指摘。労働によって得られた富を浪費せずに再投資に回す行動様式を、宗教的禁欲の概念から説明しました。

＊13 **マーシャル・マクルーハン**（1911〜1980年） カナダの文明評論家。主著は『グーテンベルクの銀河系』。

「メディアはメッセージである」「ホットなメディアとクールなメディア」「グローバルヴィレッジ」といったテレビ中心のマスメディア時代を象徴するキーワードを数多く創出。20世紀のメディア研究に大きな影響を与えました。

＊14 **人間機械論** ノーバート・ウィーナーの1950年の著書。サイバネティクスの研究で得られた通信・制御系を基にした力学を、生物や自然界にも共通する原理として拡張。20世紀後半に発達したテクノロジーの方法論を、身体的機能やコミュニケーションに応用する視座を提示しました。

＊15 **魔法の世紀** 落合陽一の著書。映画やテレビなどの画面に制約されたメディアの時代（「映像の世紀」）に対して、メディア表現が現実の一部として実体化する「魔法の世紀」の到来を予見。虚構と現実の混交、技術の超高度化による人間の不可知領域の増大（再魔術化）といったパラダイムについて論じています。

第3章

学び方の実践例

「STEAM教育」時代に身につけておくべき4つの要素

なぜ「アート」を加えた教育なのか

第1章でも触れたSTEM教育の重要性は、日本でもたびたび指摘されてきました。「Science」(科学)、「Technology」(技術)、「Engineering」(工学)、「Mathematics」(数学)、これらの頭文字で「STEM」。つまり理工系の教育です。IT化が進む現在、理工系の素養は全ての産業の接着材になっています。

そして日本も含めた世界的な教育の潮流として、近年、「STEM」に「Art」(美術)を加えた「STEAM」教育に力を入れようとしていますが、これは高く評価すべきでしょう。ものづくりをするにしても、この世界の本質を探るにしても、プログラムを書くにしても、アートのもつ根源的な問いと手と動かすための理工教育の組み合わせは有用であり、これらの知識はすべて今の時代性に必要です。

なぜ、アートが必要なのか。それはSTEM教育で育成された人材は、基本的にシステム思考に陥りがちだからです。つまり、ある課題に対してどんな情報を集めどう処理するのか、その最適解を求めロードマップを作ろうとするのです。

しかし、ものを作る時にあるフレームにあてはめて、現状を捉え、最初からロードマップを引くということは、創造のプロセスを予測するということであり、それは当初のプランを超えた成果物を生み出そうとする動機やきっかけを著しく減退させます。そこから飛び抜けた発想による飛躍的なジャンプは生まれません。そんな「ＳＴＥＭ」の限界を突破するために、「何か新しいものを生み出したい」という非合理的な願望をアートから引き出そうとするやり方は、非常に納得がいきます。

予測不能なイノベーションを起こす上で、ＳＴＥＭ教育に足りない要素が、人文的なそして審美的な〝アートの要素〟なのです。

日本のＳＴＥＡＭ教育に不足している４つの要素

現在の学校教育の問題は、文系・理系にかかわらず、今後いっそう重要になってくる次の４つの要素の教育、特に実践と議論のスキルが不足していることだと僕は考えています。

【日本のSTEAM教育において、不足している4つの要素】

- **言語**（ロジック化など）
- **物理**（物《もの》の理《ことわり》という意味で）
- **数学**（統計的分析やプログラミング）
- **アート**（審美眼・文脈・ものづくり）

具体的には、言語をロジカルに用いる能力、物理的なものの見方や考え方、数学を用いた統計的判断や推定力、アートやデザインの鑑賞能力審美眼です。

STEAM教育においては、「言語」も「物理」もすべての分野に入るでしょう。しかし、ここではあえて別の角度から、4つの要素を重点的に学ぶ必要性を解説します。

「何を覚えるか」ではなく「どう学ぶか」

なぜ、この4つの要素が今の教育に不足しているのかというと、「どう学ぶか」という学びの手法について、これまで議論されてこなかったからです。

近代日本の教育は、「何を習熟させ知識をつけるか」を重視した結果、「どう学ぶか」が欠落してきました。

この４つの要素は、正解を見つけるためではなく、自ら課題を発見し、その解決に実践的に取り組みながら学び続けるために必要なツールとなると僕は考えています。

そもそもの問題は、日本における教科中心の教育にあるのかもしれません。「教科」は近代的な考え方です。決められた基準に合わせるために先生は一方的に教え、生徒は覚えたり、訓練したり、あるテストを攻略することを要求されます。そこにはジャンルを超えた自由な学びの発想が抜け落ちているのです。

さらに学校教育では、学問領域を教科に分割することで、それぞれの要素を別々に習熟できることを要求します。

そこで出てくるのが、いわゆる「国語は好きだから頑張る」けど、「数学は苦手だからやらない」という子供です。大学の受験科目が選択制なのも、試験に出ないからやらないという発想がまかり通るのも、教科化による分離の弊害です。

この４つの要素は、教科として「教えられ」「覚える」という関係の外側で、それぞれの領域を行ったり来たりしながら、主体的に学び問い続けるための鍵となる概念なのです。

4つの領域を行き来する

言語だけに頼ったコミュニケーションには誤解がつきものです。たとえば、自分の専門分野と異なる人と話をするとしましょう。バックボーンが違いますから、言葉だけを捉えていると、お互いの解釈に齟齬をきたします。同じ言葉が違う意味で用いられていたりするからです。言葉の定義や概念の抽象化、ロジックへの落とし込みを、多角的に行う必要があります。

建設的な議論を行うためには相手の言った言葉を、一度自分の解釈に落とし込むことが重要です。しかし時には言語だけではなく現象として捉え直すという手法もあります。その言語を〝物理〟として捉えてみる、あるいは〝数学〟や〝ビジュアル〟として捉えてみてもよいでしょう。

言語を物理や数学や〝ビジュアル〟として捉えると、思考が領域を超えて行き来します。そして、領域を超えることで、それまでとは違った見え方や発想が生まれます。言語によるタグ付けしか見えない人や、言語の印象の領域にとどまってしまう人には、今までと違った新接合を生み出すようなイノベーションは起こしにくいのではないでしょうか。新しいことを考えるには、違う分野の考え方を常に行き来することが大切です。

たとえば、「マグロ」という言葉からは、魚のマグロを思い浮かべることができます。脂ののったっぷりのった大トロの刺身を想像する人もいるでしょう。しかし、言葉として発せられた「マグロ」は、全角3文字6バイトのデータでしかなく、「マグロ」という言葉それ自体の中には、高解像度の情報はありません。もちろん、頭の中で想起される情報は、人によってばらつきがあり、色、形、におい、食感、生物としての性質、あらゆることが想起されるでしょう。

そういった意味で言語は、大勢の人間で共通の概念を共有する時には役立ちますが、そのために情報を大幅に簡略化しています。この6バイトの情報を4つの要素にかけ合わせた時に、本物に近い解像度を再現できるかどうかを考えてみると、個人の習練や経験などによって全然違った景色が見えてきます。

リンゴを例にしてみましょう。言葉としての「リンゴ」は3文字です。そして、その言葉は誰もが知っている果物のリンゴを指しています。このリンゴという言葉から想起されるイメージを現実のリンゴに接近させるために、どのようなアプローチによる情報的な拡張が可能でしょうか。

リンゴを言葉ではなく絵で描いてみましょう。情報量は飛躍的に多くなります。色・形・大きさ……。絵の巧みな人であれば、リンゴの種類や熟成ぶりも表現できるかもしれません。

リンゴを数学で捉える場合は、形状を計測して数字で表すことができます。数字に置き換えられたリンゴは寸分たがわぬ形でコピーを作れるようになるかもしれませんし、時間方向の蓄積や他との比較もできるかもしれません。

さらに数学的なリンゴは、値段や等級などの物理的意味を超えたものを持つ状態になるかもしれません。たとえばブランドのリンゴの場合、味よりも値段で価値が決まるケースもあります。こういうものは、物理的なパラメーターが感覚器に入って生じる「おいしいか」よりも純粋なパラメーターとしての「高いか、安いか」です。贈答の時期には高いリンゴが売れて、旬の季節には自分で食べるための安いリンゴが売れるといった販売動向のグラフが作れるかもしれません。リンゴを価値算定の評価関数に入れることでデータ化できるわけです。

このように考えると、数文字の言語でのみ表現されたリンゴは、実はものすごく情報を限定されていたことになります。物理的・数学的なモデル化、あるいはアート的なアプローチを取り入れることによって、言語をきっかけにしながらも言語を超えた豊かな表現や高度な情報のやりとりが可能になります。

リンゴの例を前述した4つの要素に当てはめると次のようになります。

- リンゴを「言葉」として表す→言語
- リンゴが作る「現象」を捉える→物理
- リンゴを「データ」として表す→数学
- リンゴを「五感を通じて創造性を喚起させる物」として提示する→アート

この4つの要素については、そのどこか一箇所にとどまることなく、領域を行き来することが肝心です。しかし、近代以降の教育課程ではそういった分野とミックスした考え方を醸成する時間がとれなかったため、それがうまくできませんでした。なぜならそれぞれの習練や認識について個人では能力が足りず、その不足を補うには膨大な時間が必要だったからです。人間の脳の性能には限界があり、知識の集積・思考・計算をいずれもハイレベルで行うには教育課程では容量不足です。

人類はリンゴを見ても、すぐに頭の中で測量してデータ化できません。しかし、今後はコンピュータのサポートがあります。ググってわかることは必ずしも覚えなくていいし、呼び出しの作業はコンピュータを使って補完すればいいのです。知識の集積や計算はコンピュータにまかせれば、脳をもっと深く複雑な思考に使えます。脳の機能を高度で抽象的な思考能力に特化できるのです。

そうすれば、今までの人類のように、勉強という情報を詰め込む作業に脳のポテンシャルを使い切ることもなく、その先の思考を発展させることができるでしょう。

左ページでは、［4つの要素を使ったリンゴへのアプローチ例］をあげています。

「学びの手法」とは、知的な世界との向き合い方、つまりライフスタイルの問題です。普段の生活の中に「学び」があるかということです。

学校で教わるかどうかには関係なく、家庭教育の中にスタイルとして組み込まなければ、本当の意味での「学び」は身につきません。

この後からは、どのように4つの要素を身につけるのか、その手法をそれぞれ解説していきます。

4つの要素を使ったリンゴへのアプローチ例

言語的アプローチ

例）言語表現を使って表す

リンゴ、りんご、林檎（日本語）
Apple（英語）
pomme（フランス語）
苹果（中国語）
яблоко（ロシア語）…

赤い
みずみずしい
原産地は…

物理的アプローチ

例）リンゴの色を現象として捉える

リンゴに光（物理現象）を当てて考える。
赤いリンゴ、青いリンゴの違いは、それぞれリンゴが光のどの成分を反射しているかによる。
リンゴを切ると、中は白く外側は赤い。
これも、反射する光の成分の違いによる。

また、リンゴが木から落ちる様子から重力との関係がわかったり、リンゴの強度やリンゴをかじる音なども、物理現象として捉えることができる。

数学的アプローチ

例）リンゴの形を関数で表す

リンゴという言葉で表現された以上に、データ的に表現できる方法とは？

- ▶リンゴの形を、数学的に表してみよう。
- ▶リンゴの形は、リンゴの皮の上の無数の点の集合である。
- ▶リンゴの大きさやパラメーターは一度データ化すれば自由に変えられる。

アート的アプローチ

例）自分と対象物との感覚的な折り合いについて考える

自分が感じたリンゴの印象を絵で表したり、リンゴのイメージを考察して作品を作る。

リンゴを食べ物と捉え受け入れて食べるのも、生のものを扱うという意味でアート。

言語

ロジカルシンキングとアカデミック・ライティング

家庭で学べるアカデミック・ライティング

言語的な能力が足りない理由の一つに、日本の中等教育はアカデミック・ライティング[*1]を教えてこなかった歴史があげられます。

アカデミック・ライティングとは、論文を書く時に使われる手法ですが、簡単に言うと、相手が理解できる意味の明確な単語を使い、論理的に正しく意味が伝わる文章を書くということです。このアカデミック・ライティングを日本の小中高ではほとんど習いません。だから論文として正しい日本語が書けないまま大学に入ることになります。これは、文系・理系問わず、非常にまずい状態だと僕は教員として考えています。

正しい日本語とは、情緒的美文であるとか、季語が使えるとか、「てにをは」が正しいということだけではなく、説明的・解説的なテキストにおいて、他人がわかる文章を書くということです。引用や例示を適切に使いながら文を作り、文章を解釈するルールにどれだけ深く精通するか。よくありがちなのは、単語はわかるけれど文意を取れない人や、主張までまわりくどい展開をする人。SNS上でいくらでも見ることができるのではないでしょうか。これは僕の私見ですが、世の中の社会人の5割くらいは、アカデミック・ライティングの訓練をまともに受けていないのではないでしょうか。

ヨーロッパやアメリカの大学教育では、アカデミズムの伝統を保持するために、正しく物事を定義したコミュニケーションが行える言語を習得する必要がありました。

アカデミック・ライティングは知の伝統を重ねるために必要な言語技術であり、問題を切り分け、その問題について論理的に思考・検証していくため方法論です。ヨーロッパでは、アリストテレス以来の論理学の伝統をその母体とし、ニュートン[*2]が英語圏で最古の科学雑誌である『フィロソフィカル・トランザクションズ』に論文を書いていた1600年代には既に存在していた考え方のようです。

近代に入ると、契約とルールに基づいた社会を作るために、社会の人々の共通の基盤として整備された言葉が生まれました。それが近代の法律や科学を形成する言語です。

しかし、日本には近代に入るまで、ヨーロッパ的な意味で論理的に厳密な文章を書く習慣がありませんでした。一般的なコミュニケーションに契約という概念が薄く、厳密で直截的な表現よりも行間を読む文化が長く続いていたため、論理的に正しい言葉で話す・書くという動機付けがなかったのかもしれません。歴史的に見ても、日本の秘伝書や随筆はあまり論理的な稠密を基盤にして書かれていません。たとえば世阿弥[*3]の『風姿花伝』[*4]でも高度な技術論に言及した箇所では「花」や「幽玄」といった情緒的な比喩が使われており、厳密に定義された言葉を積み上げていくヨーロッパの論理的な文章とは全く別物になっています。サイエンスを可能にする構文や言語の整備は明治以降の大きな課題でした。

そういう背景のもと、言語の整備が進み日本で識字率が上がったのは、明治期以降の近代教育の賜物です。それは、個人間で論理的なコミュニケーションをとるためではなく、近代国家を作るための手段でした。

なぜなら、国民が文字を読めず自分の名前を書けなければ、国家は人口を正確に把握できず国民を管理できません。言語情報によって個人を特定できないと、郵便が届かないばかりではなく、徴税や兵役にも支障をきたします。つまり、識字率を上げることは国家建設の重要な課題であり、近代国家の成立に欠かせない国策だったのです。逆に法律や科学で用いられる専門用語を用いた表現の習練の基礎となる文章の書き方は、高等教育の側で行うようわり切られています。

論理的な文章を書くことができないと、解説文や説明文を正確に書くことができません。そのため、仕事や研究のさまざまな場面で作業に支障をきたすことになります。そういった論理的な文章を読んだり書いたりすることでまず必要なのは、思考をロジカルに言語化する能力です。数式的な論理の整合性には敏感でも、言語的な論理についてはあいまいという人は少なくありません。自分の思考が論理的な言語によって説明できるかどうかは、常に意識しておくべきです。そのためには数学の論理的思考方法が非常に役に立ちます。

現在はテクノロジーの力を使うことで、国民の管理や公共的なサービスの提供をより効率よく行えるようになりましたが、近代において言語が果たしていた役割を正しく理解しているかどうかは、言語を学ぶ上での重要なポイントになります。

そういった論理的な言語体系は、大学に進んでから学ぶものと思われるかもしれませんが、必ずしもそうとは限りません。小さいころから家庭で学ぶことができますし、なるべく意味が確実にとれる文章で議論すべきだと僕は考えています。言語は家庭内で習慣化される要素が非常に強く、家庭教育やコミュニケーションの問題と直結するといってもよいでしょう。第1章でも触れましたが、英語の早期教育を始める前に、まずは論理的な日本語をきちんと話して書けるようになる家庭教育が大事です。

礼儀作法を重んじる日本では、敬語を使いこなせることに重きをおきますが、会話の中の論理についてては、あまり訓練されていないと感じることが僕は多いです。同じ言葉の問題でも、敬語を知らないことと、ロジックが通じないことは、まるでレイヤーが違います。ロジックが通じる人に敬語を教えることは簡単ですが、敬語が使えてもロジカルに話せるわけではありません。ロジックが通じない人に論理的な言葉を理解させることはとても難しいのです。

ロジカルな言語能力を鍛える習慣

具体的には、子供に対しても自分自身についても、次のようなことを意識しながらコミュニケーションをとるとよいと僕は考えています。

・情報伝達の正確性が求められている時にいい加減な日本語を話すことを許さない。
・擬音語などのニュアンスで話しかけられたら言語を駆使したロジカルな質問を返す。
・きれいな文字かどうかよりも意味不明な文章を書かないことを心がける。
・新聞の論説などアカデミック・ライティングで書かれた文章に数多く触れる。

ロジカルな文章を読むことができないと、ロジカルな文章を書くことができません。

論理構造や主語が明確に書かれた文章を読み、その構造をできるだけ把握できるようにしましょう。

新聞の社説以外にも、日本語で書かれた論文はアカデミック・ライティングのお手本にお薦めです。

同時に言語的な能力として身につけたいのは、自分の頭で考えを深め、それを言語化、つまり言葉にして話す能力です。インターネットで調べたことや、誰かに聞いた話をコピペしたり又聞きした知識をそのまま話すだけでは、その能力を高めることはできません。「解釈」と「構築」のための訓練が必要なのです。

調べたり聞いたりしたことについて、自分なりの思考をプラスし、抽象的なこともできるだけわかりやすく言語化する習慣をつけるとよいでしょう。これは知的生産者として思考を続けるために必要な習慣の一つです。

たとえば大学の講義で、質問や発言がなかなか出ないのは、自分の考えを論理的に言語化し、自分の考えと比較する訓練が足りないからではないでしょうか。

子供の頃から論理的な言葉で説明する習慣を、ぜひとも身につけてほしいと思います。

そのためには、普段の会話の中で、なぜそう思うのかについて言語化する習慣を作るとよいでしょう。

たとえば、子供が習い事をしたいと言い出したら、なぜそう思ったのかきちんと説明させるような質問をするのです。「なんとなくやってみたい」という抽象的な思いを、きちんと他の人に伝わるように、文脈をつけて話させるのです。

なぜ好きなのか、なぜそれをやりたいのか。その理由について自分なりに思考して明確にすること。その理由を他の人にも説明できるようになると、その後の人生が大きく変わってきます。なぜなら、そうやって論理的な筋書きをもとに共感を生み出していくことが長期間の知的生産を可能にする技術であるからだと僕は考えています。

次ページでは、子供との会話を例にあげていますが、もちろん大人でも「なぜそれを好きなのか」「なぜそれをやりたいのか」を常に自問自答し、自分の考えを論理的に話す訓練をすることで、言語化する能力を身につけたり、さらに伸ばしていくことができるでしょう。意外とこれができる人が少ないので危機感を感じるとともに伸びしろを感じています。

論理的に話す習慣を作る会話例

ダンスを習いたいと子供が言ったら…

ダンスを習いたいんだけど。

なぜダンスを習いたいの?

Aさんが習っている。すごく楽しそう。

Aさんが習っているからやってみたいの?

うーん、そうじゃなくて、
ダンスが楽しそうだからやってみたい。

あなたはどんなダンスが好きなの?

ブラックピンクみたいなダンス。

そのダンスのどんなところが魅力的なの?

えっとね・・・。

……といった会話を続けていきます。

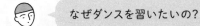

物理

現象を五感で感じ「なぜ？」と考える

観察して、問い続けることから始まる

先にあげた4つの要素の2つ目として、物理的な要素に着目する、つまり物事の現象を物理的に捉えることをあげました。

「物理」というと学校で習う実験や数式などを思い浮かべる人も多いでしょう。しかし、物理という言葉が西洋のphysicsの訳語として使われるようになったのは明治期以降のことです。それ以前の物理は「万物の理（ことわり）」を意味し、この世界の現象全般の背景にある普遍的な法則を指す言葉として使われてきました。ここでは原義に立ち返って、身近な自然現象がなぜ起こるのかを明らかにする試みの一つとして、物理の要素について考えてみたいと思います。

物が下に落ちる、ボールが転がる、空が青い、夕焼けが赤い、飛行機が空を飛ぶ、新幹線が猛スピードで走る……といった出来事は、すべて物理現象です。物理は、これらの現象の背後にある本質について思考し、力学、電子、電気、さらには波動、素粒子といった知識によって、

現象の仕組みを把握しようとする試みです。

物理の学びの基本は、まず対象をよく観察することです。たとえば、虹はなぜ7色なのか、なぜ晴れた日の空は青く、夕日は赤いのか。まずはこういったあらゆる現象を徹底的に観察するのです。ここでいう観察とは、目で見て、耳で聞いて、鼻で嗅いで、手で触わって、集中して五感で感じることです。それなら特別な装置がなくても、日々の生活の中で、様々な現象それ自体を対話的に学んでいくことができます。

我々が五感で感じた情動はそれ自体は、主観的な体感であって、数式的な裏付けや論理の外側にあります。だからこそ正解というものはないし、そこで感じたことは言語化して考え続ける必要があります。

次に、その観察した物理現象について〝なぜ〟という問いを投げかけます。身近なことに疑問を投げかけていると、それが力学や光学や音響学、化学反応や電気反応、物体の運動の法則と深く関係していることに気づくようになります。

「虹は上が赤くて下が青いのはなぜ？」
「晴天の空は青いのに夕焼けが赤いのはなぜ？」
「水は透明なのに海の色が青いのはなぜ？」

頻繁に目にする現象なので、普段は何も考えずに見過ごしていることかもしれませんが、子供は先入観にとらわれずに素朴な疑問を抱く柔軟さを持っています。そういう時に常に議論する姿勢が必要だと考えています。

今あげたものはいずれも光の特性に由来する現象です。虹の7色は光の水に対する屈折率の違いに沿って並んでいます。太陽光をプリズムで分解した時の色の順番です。また、青い光は散乱する性質があるので、太陽が高い晴天では大気中に散乱して青い空になるのです。夕日が赤いのは、太陽が地平線に近づくと太陽光が肉眼に到達するまでに通過する大気の層が厚くなるため、青い光は散乱し、直進性の高い赤い光がよく見えるようになるからです。

そういう光の屈折も散乱も、小学校の理科の授業で習う内容ですが、多くの人が忘れているのではないでしょうか。

これは学校の物理教育にも問題があります。受験問題の設問は、大前提として教科としての物理的現象を扱っています。しかし現実の物理現象と、試験問題で出される物理現象を、学生が頭の中で結びつけて考える機会は、ほぼないのではないでしょうか。数式で習う電気の抵抗や電気回路の性質を、日常生活に関わる事象として考えることはほとんどないと思います。

本来は、学んだことの本質を、普段の生活の中で感じながら暮らせるようになるべきなのですが、現状の学校教育では、学んだことを実生活と結びつけるための指導が弱いため、テストや大学受験が終わったらほとんど忘れてしまい、日常的に接している現象を物理的に理解しようとする習慣が育ちにくいのです。

物理に関心を抱けない子供は、知識を通じて物理世界と触れ合う感覚を知らないまま、常に何らかのブラックボックスが目の前にある状態で人生を送ることになるでしょう。それは、ある意味では魔術化された穏やかな世界なのかもしれませんが、問題解決志向が弱まります。

そういう議論を子供と行うとして、もし、答えられないようなテーマについて子供に質問された時にどうするか？

これは実は大事なポイントです。子供の質問に答えたり議論したりする時に大事なのは、必ずしも正解を言うことではありません。

「なぜだろうね」「どうしてかな」「僕はこう思うんだけど、君は？」というスタンスで、一緒に考えることが大切です。学問や研究と同じで、正解は出せなくてもどんな可能性がありうるのかを、言葉を重ねて問い続けることが文化を作ることではないでしょうか。

ところが大人は、答えられない質問を子供にされると、「そういうものなの！」と言って質問を遮ってしまいがちです。そこで、そういう自分が習ってこなかった、もう忘れてしまった問題を捉えなおして「ちょっと一緒に考えてみよう」と言ってあげてほしいのです。

子供の思考能力を高めるための会話は○×クイズになってはいけないと僕は考えています。物理的な現象について子供と遊ぶ感覚で、一緒に調べたり考えたりしながら会話を続けることが大事です。

左ページには、[物理的思考を高める会話例]をあげています。

もう一つ例をあげましょう。子供と「猿が木から落ちる」ということわざについて話をしたとします。

ここではあえて「猿も」ではなく「猿が」としました。何かが木から落ちる前提がないと、「猿も」とはならないからです。「猿は木から落ちることもあるが、よっぽどのことがなければ落ちそうにない」。そこで「どうすれば落ちるんだろう?」と考えるわけです。猿が木から落ちる状態をちゃんと理解しないと「猿も」とはなりません。さらに発想を広げて「月面なら猿は木から落ちないかもしれない」という新たな問いを子供に与えてみてもおもしろいかもしれません。

子供に問いを投げかけて、一緒に考えてみる。親子の会話の中で物理的現象をテーマにして議論を積み重ね、さらにそれを自問自答できる人物に育て上げる。これは今の学校教育に欠けている部分です。

物理的思考を高める会話例

水の入ったコップがあったら…

何でこの水は冷たいんだろう。

冷蔵庫に入れてたからじゃない？

これは冷蔵庫に入ってなかったよ。

氷が解けちゃったんじゃない？

なるほど、でも氷は入れてなかったな～。

コンビニで冷たい水を買ってきたんでしょう？

家の水道の水だよ。

外が異常に寒いのかも。

いいお天気で外は暖かいよ。

水道管が地面の下で冷たいんじゃない？

地面の下は冷たいのかな。

井戸の水は冷たいって聞いたことがあるよ。

……といった会話を続けていきます。

物理的思考は子育てにも有益

物理の考え方が日常生活に密接に関わっていることについては前述しました。

物理現象への理解があると、日々の生活に役に立つことがとても多いのです。僕は自分の子供を見ていて、子育てにおいても物理のセンスは大事だと思う瞬間がよくあります。

たとえば、子供の歩行パターンや床の材質に意識を研ぎすませていると、子供が転ぶタイミングがだんだん予想できるようになります。

子供の転倒もシステムの一部として捉えるわけです。摩擦が小さい床面で靴下をはいていれば、転びやすい環境だとわかります。「この環境だと、どこかでコケるだろうな」と思いながら子供を観察していると、顔の表情だけでそろそろ転ぶことがわかるわけです。なんとなく踏ん張りながら走っている時の表情は、普通に走っている時とは違います。摩擦の原理に明るくないと、その違和感からの予測が外れたり、転んでから初めて気づいたりするわけです。

子供が病気になった時も同様です。重篤化したり伝染する病気もあるので、体調面の変化には早く気づきたいものですが、子供の面倒を見ていると「いつもよりも上体のスタビリティ[*5]がとれてないな」「キョロキョロしてるな」「歩行に力がないな」と感じることがあります。

身のまわりの事物の動作の違和感に気づいたら、その理由を考えます。スタビリティが取れずにフラフラしているということは、身体を安定させるセンサーが鈍っているのでは？　歩行に力がない、つまり、踏ん張る力が足りないということは、他のことにエネルギーをまわしているのかもしれない。それは、きっと体のどこかがおかしいからに違いない、という前提で見ることができます。そうした違和感を感じとって病院に連れて行ったら、「やっぱり病気だった」ということもありました。

子供の教育だけにかかわらず、子供の動きを物理現象として観察することで、子供に何が起こっているのかを知ることができるのです。そういった日常の観察ぐせを子供と共有したり、家庭で話し合ったりすることで、考えを続ける訓練が成り立つのかもしれません。

日常の中に物理的要素を組み込んで考える

外食した時に木製の器が出てきたら、「この器の木はなぜこういう形状に湾曲しているのだろう」と考えます。よく観察すると、器の周囲には刻みが入っています。そこで、剛性的に曲がらない木材を曲げるために入れられた刻みであることに気づきます。そこまで考えが至るのは、物理的な素養を身につけているからです。

このような物理的視点を持って日常生活を送っている人の子供は、物理的センスが磨かれます。その一方で、珍しい器を見ても何も考えずに食べているだけの人もいます。そうした家庭で育った子供に物理的な感覚は育まれにくいでしょう。

僕が木の器の形状を見ただけでパッと何かに気づくのは、頭の中で物理現象を微分幾何学的な知識として理解できているからです。つまり、平面から器を作るにはどのような曲面が必要か、平面と直行する方向に微分するイメージを持つからです。器の曲面に一本一本接線を引いていき、その曲率を求めていきます。実はそれほどたいした話ではありません。今、目の前にある現象を学校で習ったベクトルや微分のものの見方で見るということにすぎません。これらの科目に苦手意識がある人でも、ライフスタイルの中に出てくる要素であると考えれば、もっと興味を持てるようになるかもしれません。

つまり、科学的な観察眼を対話の中で身につけていくこと。

対象への理解をどういうメカニズムや物理現象として理解していくかについて自覚的であることが大切です。そういった観察眼は、自問自答によって生まれてくるものだと僕は考えているのですが、その能力自体は、こういった対話訓練で身についていくものだと思っています。

数学

数字が示す世界を読み解くための数学

受験のツールではなく一生を通じたデータサイエンスのツール

数学で実生活に役立つのは、たし算とひき算、それにかけ算・わり算ぐらいだという人がいます。まず、「それは算数では?」と僕は思うのですが、そういった人に共通して数学が役立たないのは、役立つように数学を学んでいないからです。先ほどの器を見ているとともに曲線の解析に微分が使えることを連想しながら観察したように、頭の中に数学の知識モデルがあるのとないのとでは、普段の物の見え方が変わってきます。情報は言葉を通じて得るものと思われがちですが、数学的直感を使って得られる情報は、言葉以上に多くのことを伝えてくれます。それは五感の補完でもあるし、自然言語以外の言語体系を普段の思考の中に持つことです。

その意味で、中等教育の数学教育に不足しているのは実世界の対象を解析的にとらえる習慣やデータサイエンス[*6]、いわゆる統計処理や、物事の判断に確率や統計を使う考え方の教育だと僕は思っています。

もちろん、小学校の算数から中学・高校の数学までの教育課程の中に、統計に関わる勉強がないわけではありません。小学生ではグラフの作成や平均、度数分布について学習しますし、中学生や高校生になると確率、分布、相関や統計的な推測について学ぶことになっています。

しかし、今の大学生がデータサイエンスをわかっているかというと、そうは思えません。単に数式の処理としか学んでいないので、統計処理による分析を目的とし、実学に役立てるデータサイエンスに繋がる発想がないのです。機械学習や目的達成のためのプログラム作りをして手を動かす習慣があまり培われていません。

ここで問題になっているコンピューターサイエンスやデータサイエンスに必要な数学は、ただ数式を処理するのではなく、数字が示す世界を機械や自分の頭を使って読み解くための数学です。つまり、大学までに習う数学を役立てるには、数学を対象の問題を解くための使えるツールとして学ぶ必要があります。しかし、残念なことに、今の中等教育を受ける多くの人々にとって数学は受験のツールでしかないのが現状ではないでしょうか。

本来、そういったデータサイエンスを勉強する適齢期は高校生だと思います。高校の数学にはプログラミングで使える項目が多々あるので、そこをうまく結びつけて勉強できればいいのですが、多くの学生、特に文系を選択した学生は高校の時点で数学をやめてしまうので、その後は学ぶ機会が少なくなってしまいます。

これからの時代は、文系・理系を問わずにコンピュータを用いた数学的処理は強力な武器になります。そこへの苦手意識はとことん無くしていかなければならないでしょう。

今、この世界はGUIやWebインターフェースが身の回りのあらゆるもののデータの集積で表層を形成しています。

統計処理は、大量のデータを母集団として、統計的に確からしい分布や分散、相関を取り、その母集団の傾向をつかもうとする学問です。その中で膨大なデータを処理しますが、それは受験数学でパズル的に立式して微分したり、あるいは、(p,q)の座標が与えられた時にここを通る数式は$y=(x-p)^2+q$になる、といった立式の練習の話ではありません。

つまり、パズル的な問題と答えありきの数学ではなく、問題を解決するための実践的数学なので、手計算でやると大規模なものを計算することは難しく楽しみも減り、なかなかペーパーテストありきの学校教育には馴染みにくいのですが、だからこそ答えのない実社会で、答えを求め続けるための手法として必要になります。

さらに、データを解析して傾向をつかむための特徴量を調べるところからプログラムに組み入れるのが昨今流行の「ディープラーニング」[*7]です。このことが理解できれば、バズワードの一つであるＡＩの背景にあるのは何も特別な技術ではなく、計算機資源が十分にあればそういう解析が行えるのではないかという手順の簡略化の発想であることもわかるでしょう。

しかし、僕はあえて、「統計的な話をしましょう」「特徴量を見つけましょう」と言いたい。「ＡＩとデータサイエンスを学べば万能です」などと言う人がいますが、そういう人には「ＡＩについて妄信しすぎていますよ」と伝えたい。まずは手持ちのツールとして対象を捉え、自分の頭を使って考えシステムの内と外を客観的に分析することが大切です。

ここからは、そういった数学で使った思考力を身につける方法を解説します。

統計的思考と解析的思考

〝数学的直感の要素〟として大切なことの一つは、解析的に考えるか、統計的に考えるかの違いを理解することです。言うなれば解析的思考と統計的思考です。解析的に考える時は、ある問題に対して「それを満たす数式はあるか？」とか「何らかの法則や理論に則っているのでは？」といった発想から始まります。問題を解くための、数式なり理論などのモデルを探すということです。つまり学校の数学のように、その問題を解くための方程式や関数といったものを定義する考え方です。解析的な思考や判断の終着点は、ある事象を説明した最終的な数式があって、それによって指し示されるものは何か。その数式によって何が言えるのかを考えることになります。

それに対して、統計的な思考や判断とは、ある事柄が何度も繰り返し発生する中でその傾向を読み解き、そこに意味を見いだすことです。一つのモデルに収斂されたり回帰したりするパターンを見つけ、その原因を考えることです。

ここでは「解析的」とは「解析的に解ける」という言い回しのように、つまりその解を既知の関数や定数などを用いて考えるという意味で使っています。「統計的」とは数値的なデータの集まりから関係性を見つけ関数や定数などでその集まりを表すこと、という意味で使っています。

この〝統計的〟と〝解析的〟なアプローチは、どちらか一方を行えばよいものとして捉えるべきではありません。常に両者の領域を行き来しながら思考や判断を深めていくべきでしょう。たとえば、「リンゴが木から落ちる」という事象について、いつどのように落ちるのかを〝統計的〟に判断することで、そこにある理論を発見する。その定義により〝解析的〟になるわけです。

何度もリンゴが木から落ちるのを見ていると、ガリレオのような人は、落下する速度に変化がないことに気づき、やがてそこから重力加速度を発見するでしょう。落下を何度も観察する〝統計〟的なアプローチから、「落下の速度変化」というモデルが導き出され、そこから解析的アプローチで「重力加速度」などのパラメーターを用いた関数が定義されます。

また、解析的な思考で理解した現象を、さらに何度も繰り返すことで統計的に処理していると、ミクロの世界で観察される現実との相似を発見して、そこから新しい着眼点が始まったりすることもあります。そういうアプローチをいろんなところで繰り返すことによって、柔軟な思考は育まれていきます。

そういった素養を身につけるということは、無条件に対象の問題を受け入れるのではなく、経験則、つまり統計的に考えるのか、あるいは何らかの定義からの導出、つまり解析的に考えるのか、という方法論を習慣にするということです。

とりあえず頭で考えるために必要なのは、まずデータを集めることと、そこから法則性らしきものを見つけたら、それに従ってみること。さらにその法則性らしきものが本当に正しいか、統計的判断をしてみること。そうやって統計的思考と解析的思考を繰り返すことが大切なのです。

データを収集して仮説検証する

統計的思考にまず必要なのはデータを集めることで、そのためには対象となる現象をじっくり観察することが大事になります。データ収集もやはり観察から始まるのです。

たとえば極端な例ですが、男子トイレと女子トイレのマークを知らない子供には、ただ教えるのではなく、一緒にトイレを観察することから始めてもいいのです。公園でトイレの見えるベンチに座って、人の流れを眺めていれば、右の入り口には女の人がたくさん入っていくから女子トイレ、左の入り口には男の人がたくさん入っていくから男子トイレだとわかります。そうすれば、トイレの男子マークと女子マークの意味に気づく。統計的思考と判断です。

そうすると今度は、喫茶店で男女のマークが一緒についているトイレを見つけた時も、「男の人も女の人も使っていいトイレなんだ」というのが解析的にわかるわけです。人間の行動から導き出した統計的な思考を、解析に用いて真理へとたどり着くわけです。

これは仮説検証の初歩中の初歩で、このレベルであれば、幼稚園児でもわかることです。

大人になるともっと高度な仮説検証ができるはずなのですが、普段からそういう考え方を積み重ねていないと、大人になってもできるようになりません。

先日、息子がiPadを手で叩いて遊んでいました。画面を叩くと音が鳴るアプリを使っていたのでしょう。そのうち、家の壁を叩いて音が出ないと不機嫌になり怒りだしました。iPadは鳴るのに壁は鳴らないことに納得がいかなかったようです。「iPadを叩くと音が鳴るから、もしかすると壁を叩いても音が鳴るのかもしれない」という、彼なりの仮説を立てて検証してみたのでしょう。そしてその仮説は、残念ながら間違いだったわけです。

仮説→検証→失敗から再び統計的思考を積み重ねる。そういう問いと実験を繰り返さないと、思考は深まりません。だから、こういう時に親は「壁は鳴らないよ」なんてことは言わなくてよいと思います。「壁も叩いてみる→でも鳴らない→なぜだろう」という現実を子供に頑張って思考させることが、仮説と検証を繰り返す習慣に結びつきます。そして、やがてモデルを解析することで自在に音を出すことができるようになるかもしれません。

データサイエンスというと、ＡＩを駆使するようなイメージを抱きがちですが、大切なベースの思考は、日頃の訓練で素養を鍛えられることなのです。まずは観察して、頭を動かして、〝数学的な要素〟として自分自身の中にその思考法を身につけることが大事です。つまり、現象とデータを切り離して自分の感覚と他の視点で見てみる。データを用いた内省的なアプローチを通して先入観を解放することに尽きるのです。

アート

コンテクストを持った鑑賞力と創造力

アート的プロセスで高まる価値

ＳＴＥＭ教育にアートが加えられた理由は前述しました。最近は学校教育以外の、生涯教育やビジネスにおいても、アートは重要なスキルとして改めて見直されています。

では、なぜアートを学ぶことが大事なのか？

それは、アートを学ぶことで審美眼の多様さや普遍性、文脈への接続性、そして物事の複雑性を理解できるからです。日常生活やビジネスはどんどんシステム化し、巨大かつ複雑になってきています。その巨大で複雑なシステムの中からイノベーションを起こすには、観察力を養い、今あるシステムや常識を疑い、それを超えるための自分の文脈の構築や審美眼を備えた深い思考が必要になります。それが〝アートの要素〟なのです。

ＳＴＥＭが論理的思考であるとするなら、アートは感覚的・直感的思考です。この感覚や直感をただの当てずっぽうではなく、論理的思考を牽引し、時には行き詰まった論理をブレークスルーするためのものとして使うためにも、アート教育が必要となります。つまり、哲学的思考の訓練によって生まれるジャンプを、言語以外を通じて得ようとする感覚の獲得をいかに促せるかです。

アート教育の有用性は、感覚的・直感的能力を高めるだけではありません。

アートでは〝美〟や文脈、普遍的な人の営みを意識します。

アートを生み出す見知は非常に個人的なもので、個人に内包される視点、量産品ではないその人にしか作れない希少性、つまり独創性があるものです。また、そういった思考そのものも、アートの枠組みでは反芻され、新しい価値観へと突破される可能性があります。

独創的なものをゼロから生み出すには論理的なアプローチと同時に、アート的プロセスが必要です。アートでは実際に手を動かして試行錯誤を重ねながら作品を創作することで、予期せぬ発想や発見が得られます。造形物はもちろんのこと無形の思考や理論や技術でも、アート的なプロセスを経由することで価値を高められます。

アート教育ではその実装のみならず、鑑賞力を身につけることが必要になります。鑑賞力を高めることは同時に、観察力を高めることにもなります。物理や数学のところでも述べましたが、観察力はこの4つの要素を身につける上で重要なスキルです。

しかし日本では、鑑賞教育が圧倒的に不足しています。日本のアート教育は、描かせたり作らせたり歌わせたりといった技能教育ばかりで、鑑賞教育はあまり多くないと思います。

アート教育で大切なのは鑑賞し、それを言葉にする。さらに自分はどういったものをどうやって表現するのかについても言語化して、手を動かして作れるようにしなくてはなりません。鑑賞して、言語化して、手を動かすことを繰り返す教育が、今の日本では十分になされていません。これは非常に問題があります。

アート鑑賞は知識の披露ではない

僕は学生にアートを鑑賞する時は、まず最初に、とにかくまっさらな心で見ることを指導しています。そこで得られた印象や感覚を「これはなんだろう?」「これはこういうことかな?」と言語化して解釈します。

この時に大事なのは、自分の中に、自分なりのコンテクスト[*8]を持つことです。鑑賞したアートを、自分の中の文脈と照らし合わせて考えて、論理的に言語化することと、五感を使って感じたことをバランスよくすることが大切です。

コンテクストとは言ってみれば自分なりの観点、世界の見方です。それは自分のバックグラウンドや得意分野に紐づけられたものになることが多いでしょう。

自分なりの観点、自分なりの作品を見る時の角度を見つけて、アートを観た時に、その体験を元に自分なりの感想を言語化して蓄積していく。さらに、自分が知るアートの文脈と照らし合わせながら深掘りしていくとよいでしょう。

しかしながら、アートについて話し合う時に、前提知識ばかりを披露したがる人がいます。特に近代教育を受けてきた人は、作家にまつわる知識を暗記しようとしたり、オペラを聴く時にどういった心構えであるべきなのかを説いたりします。

前提知識に沿った鑑賞が唯一の正解であるという考え方でアートに向き合う人は、アートを鑑賞しているのではなく、前提知識を確認しているだけです。もちろん前提知識はあったほうがよいのですが、アート鑑賞は知識を披露することではありません。

そういう心構えの人が「この曲はここがいいよね」と言う場合、その「よい点」はその人が考えたことではなく、誰かが見つけた「よい点」であったり、前提知識の中で評価されていた点であることがほとんどです。

たとえば、晩年のモーツァルトの音楽を聴いて、「信じられないほど美しい曲だ」と感じる人もいるし、「なんだか悲しそうな曲だ」と感じる人もいるかもしれません。

しかし、解説書に「この曲を作った時、モーツァルトは病に伏していたためか、この曲にはどこか悲壮感が漂っている」と書いてあるのを思い出しながら聴いて「この曲には悲壮感が漂っているよね」と述べたとすれば、それは前提知識をなぞっているだけで、鑑賞する感性は磨かれてはいません。

たとえば〝悲壮感が漂っていること〟と〝病に伏していること〟は関係ないのです。病床に伏しているからこそ、「そう簡単には病に殺されないぞ、という気概を感じる」。そんな感想もあるかもしれない。アートの鑑賞も、正解や不正解を求めるのではなく、もっと自由であるべきなのです。

正解を求めてアートを鑑賞する人は、アートから複雑性をくみ取り、直感を養い、発見や発想するスキルを身につけることは難しいでしょう。これはロジックありきの頭では捉えにくい部分です。

〝アートの要素〟を育むためには、アートにアプローチするための土台、自分なりのコンテクストを確立する必要があります。

そして鑑賞する能力を高めると同時に、自ら手を動かして創造する。つまり演奏したり、描いたり、造形したりする能力も鍛えるべきでしょう。

その二つの能力、鑑賞のためのコンテクストと、自ら創造する力を持つことで、大きな進歩を生み出すことができるのです。

解釈を知るよりディスカッション

自分のコンテクストに基づいてアートを鑑賞すると、そのアートについてディスカッションする時に、独自の観点からアートについて言語化しながら実世界と行き来することができます。前述した「落合陽一×日本フィルプロジェクト」のVol.2『変態する音楽会』の打ち合わせでは、指揮者の海老原光さんと演奏する作品のイメージについて話し合いましたが、これが非常に自由で楽しいディスカッションになりました。

たとえば、ドヴォルジャーク[*9]の『スラヴ舞曲第一番』[*10]について、海老原さんは、「3拍子の中に、123、123、12、12、123と拍子が変わる場所があって、踊り分ける感じがおもしろい」と言っていました。僕は「百貨店のイメージ。ブランディングされた高級品を売っていて、店員はパキっとしているけど、買いに来ているのはセールが目的の普通の人たち」といった話をしました。この作品の中に、僕はどことない庶民感を感じ取ったのです。

ビゼー[*11]の、『カルメン』[*12]で歌われる『ハバネラ』[*13]という曲では、僕が「タバコの煙っぽさを感じる。会社や工業といった機械的に働く職場に漂っているタバコの煙の中で、グラマラスな女性が踊っているイメージ。短いけどキレがある曲」と言えば、海老原さんは「ちょっとけだるい、女性の魅力やセクシャルな部分が出ている。女性は秘密を抱えていて、その秘密を少しだけ表に出している。それを踊りと目線で表しているイメージ」と返してくれました。

こうした作品についてのディスカッションはすごく大事だと思います。その道のプロと話す時は、ともすると否定されることを恐れて、前提知識に頼った語りになりがちですが、それは自分の感性に自信が持てなかったり言語化できないがゆえだと思います。アートを前にして何をどう感じようとその感性自体は自由なのです。自分の信じる美的感覚を否定せず自由に出し合える相手がいると、ディスカッションも盛り上がります。親子で音楽を聴く時も、そんな自由な会話を広げていけたら素晴らしいですよね。

絵画を観る時も、先入観に縛られて「この時代の画風はこう」と決めつけなくてよいと思います。重要なのは、「この時代の作品はこうであるはずだ」という時の「こう」の部分を決めつけないことです。もちろん、「この時代」の時代背景は知っておくに越したことはありません。歴史的な知識があれば作品についてより詳しく知ることができるからです。しかし、ある時代の作品は「こう」というのは、あくまで一つの見方であって、それは自分の感じ方とは関係のないことです。

確かに、前提知識があれば作品をより楽しめるようになりますが、前提知識としての「誰かの解釈」にとらわれる必要はないということです。鑑賞して、言語化して、また作品と対話する、この作業を繰り返すことで作品を観る目は深化していくのです。

絵を観るのに〝正解〟〝不正解〟はない

僕自身は、絵画の鑑賞法を、子供時代に隣に住んでいた日本画家の先生に教えてもらいました。先生と対話しながら作品を見ることで鑑賞する力が鍛えられました。

〝よい作品〟と〝そうでない作品〟を分ける基準のひとつは、その作品が作者の哲学やロジックに則って、自身の文脈の中で、やり切って作られているかどうかです。それは、鑑賞する側にコンテクストが必要なように、作品を作る側にもコンテクストがまずあるべきだということです。作者なりの哲学やロジックを背景にしたコンテクストを踏まえながら、伸びやかに作品を作ることで、作品に作者の佇まいが表れます。佇まいがあるということは、コンセプトがブレていないということです。そうした観点で先生と絵画を見ていると、子供ながらに「なるほどな」と感じることが多かったように思います。

「この絵を見て君はどう思う？」

「この色がきれいだし、すごく遠くに見える」

このように絵を見て感じたことを言語化していきます。正解を見つけることが目的ではなく、見た時にどう思ったかをとにかく言葉にしていくのです。今振り返ると、これがすごく重要な経験でした。

小さな子供は正解を言おうとはせずに、感じたことを自由に言葉にします。しかし、学校に通いはじめ、アートが「美術」という教科になり評価の対象になると、正解を言わなければならないと考えるようになってしまいます。

繰り返しになりますが、アートの要素では、外部からの評価や正解・不正解に基づいた価値基準を超えることや、新しい審美眼をもたらすことに意味があります。絵画を見たり音楽を聴いて、〝正しいこと〟を言おうとする癖がつく前に、自分なりのアートの鑑賞法を身につけ、自分のコンテクストを踏まえて自由に意見を述べる習慣をつけることが大事になります。

もう一つ、子供の頃に絵を習ってよかったことは、油絵を描くために物体を面で見る感覚が身についたことです。

物体を面で捉えるには、面と光の関係について理解しなければなりません。そのため、光の当たり具合や陰影をよく観察するようになります。面と光の関係を通して、「物を見る」ことの本質を知ることができたのです。

アートの鑑賞教育というと、美術館に行くことを想像する人が多いかもしれません。しかし、アートを鑑賞するための作法を学んでいないと、美術館巡りは単なる散歩になってしまいます。

僕が作品を鑑賞する時は、そのアートがどういう作法で作られているのか。なぜ作家はその作品を作ったのか。作品と会話するように考えます。見たことや感じたことを頭の中で言語化するわけです。そして、作品に問いかけながら、ひとりボソボソとしゃべっています。

つまり、自分が持っている知識やコンテクストと照らし合わせながら、その作品を見た時に「こう感じた」「こう思った」と言葉で説明できることが大事です。それが鑑賞の本質だと僕は考えています。

次に、「作品を見て作品と会話する　鑑賞の例」をあげておきます。

作品を見て作品と会話する　鑑賞の例

ミレー[*14]の『晩鐘[*15]』の絵画を観て

畑だ。なんの畑だろう。
麦畑？じゃがいも畑？
広い場所だな

男の人は
濃い色のズボン、
ツンツルテンだな。
白いシャツにジャケット

ふたりは何才くらい
だろう? 若い夫婦かな

フランスっぽい
景色だな

『落穂拾い〔*17〕』と
背景の描き方が同じだ。
だからミレーの描いた
絵だな

でも地面は夕焼けに
照らされたように
オレンジだ。
夕焼けなら、太陽は
雲に隠されていない
からね。ミレーさん、
光の物理的性質には
詳しくないのかもね

男の人と女の人が
いる。農民かな。
ふたりとも祈っている

木綿の服かな。
それならば時代は
産業革命以降〔*16〕か。
日本だったら江戸時代
が終わったくらいだ

男の人の傍らには
フォークみたいな
農具が突き立ててある

刈られた作物が
点々と積まれている

夕焼けも、祈っている
人も、ミレーが実際に
経験した景色だろうな

僕だったら、空を
もうすこし夕焼けに
するかな

女の人はスカーフに
腕カバー、白く短い
エプロンに
ロングスカート

葉と土の部分、
ずいぶん塗りが
細かいな

ふたりの後ろには、
車輪のついた手押し車

遠くに村がある。
ぼんやり見える建物は
教会かな。教会の鐘が
聞こえているんだろうか

ミレーさん、空の色と
地面の色を合わせる
こと、手を抜いた
でしょう。空と人、
違う日の風景を一つに
合わせたんですね

夕暮れ時だ。
人や地面がオレンジ色
がかっているね

キラキラしていて、
カンバスの目が
見えない。油彩かな

女の人の足元には
籠が一つ。お弁当かな

収穫したものを
積むのかな。それとも
赤ちゃんでも
寝ているのかな

でも、空の明るさと、
地面に反射する
オレンジ色の感じが
合ってない

ミレーさん、あまり
夕陽の色に興味が
なかったのかな。
光学的には、
空は黄色いから、
太陽の光が雲に反射
しているはず

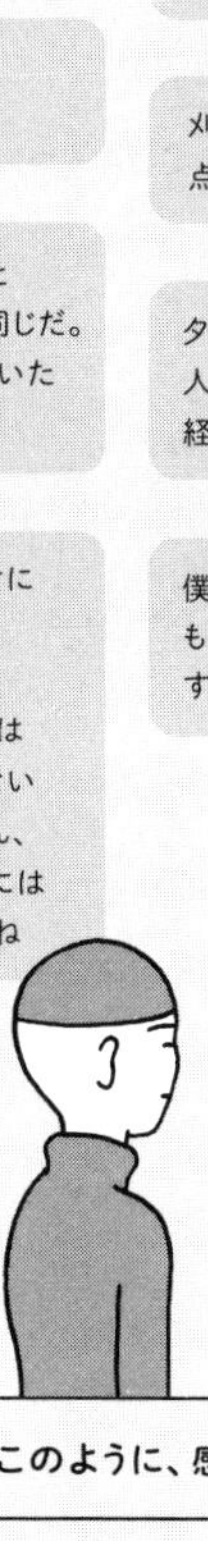

提供:akg-images/アフロ

このように、感じたこと、思いついたことをどんどんあげていきます。

アートから入るかロジックから入るか

ここまで、「言語」「物理」「数学」「アート」の4つの要素について、学びの手法を解説してきました。そして、これら4つの要素はそれぞれ別個に捉えるのではなく、お互いの領域を行き来しながら考えたほうがよいと述べました。

とはいえ自分は文系だと思っている人にとって、物理や数学はやはりハードルが高いのではないでしょうか。そういう場合は、最初にアートから始めるのが入りやすいと思います。まずはアートの物理現象から考えてみるのです。アート鑑賞の作法を身につければ、実はアートは物理現象と親和性が高いことがわかると思います。

たとえば、作品の色彩や形状の表れ方は、物理現象に基づいているわけです。陶芸作品を前にして「この器のテクスチャーはいいね」「ここの色の出方が素晴らしい」といった感想を述べる時、そこには半分くらい物理的要素が含まれているのです。

実際、陶芸の窯元は難しい数式ではなく、自らの経験の積み重ねに基づいた「この素材をこの条件で焼くとこうなる」といった独自の論理によって作品を作ります。アートを物理的現象として捉え、試行錯誤を繰り返しているのです。

このように、アートを経由することで、物理現象の理解を考える時であっても「正解がない」という前提に立つことができます。そこでは意外と簡単なロジックが背景にあることに気づかされたり、経験による統計的な視点からの考察も増えるので、理解のためのハードルが下がるのではないでしょうか。

自分は理系だと思っている人には、最初からトップダウンで〝こういうものだ〟とロジカルな知識やデータが示された後で、対象を物理現象として捉え、最後にアートとして昇華する、というフローが、わかりやすいでしょう。

つまり、入り口となる「物の見方」について、アートから入ったほうがわかりやすい人と、ロジックから入ったほうがわかりやすい人がいるわけです。数学は年をとってから学ぶのは難しいので、文系の人が急に方向転換して数理的なロジックに対応しようとすると、壁にぶつかってしまうことがあります。同様に、数学的思考でガチガチに頭が固まっている人が、すぐにアート的な感性を理解することは、やはり難しいでしょう。

だからこそ、小さい頃から文系・理系を分けずに、両方学んでおくべきなのです。そうすれば両者を無理なく行き来できる柔軟な知性が育ちます。

どちらかに偏ったまま大人になってしまった人は、自分はどちらが得意なのかを意識した上で、時にはあえて逆の入り口からのアプローチを試みる。たとえば文系の人であれば、焼き物を見た時に「これは何度の温度で焼かれたんだろう」「この色はどんな釉薬の化学変化で出るんだろう？」と思考を巡らせることで、2つの領域の行き来を意識するとよいと思います。

たとえば僕は、料理について研究に似ていると感じることがよくあります。普段、口にしている料理を、ただおいしいかだけではなく、食材や器、レシピや手順など、いろいろな角度から見ることで楽しみも深まります。

調理の過程や味つけは物理的現象です。食材の生産や価格、流通の過程は数学的に考えられます。季節に合わせたメニューの名前には言語的センスも必要ですし、盛りつけやテーブルコーディネートはアート的、という具合です。

いろいろな見方をすることで、さまざまな学びがあり、それが習慣となることで、さらに学び続けられるわけです。

ジャニーズの〝アイドル〟は伝統芸能

先日、ＮＨＫの番組で「嵐」の二宮和也さんとお話する機会がありました。二宮さんは「自分が先輩たちから引き継いだ道をもっと歩きやすい道にして、次の世代に渡したい」という話をされていました。お話を伺ううちに、ジャニーズの〝アイドル〟はまさに伝統芸能だな、と思いました。

アイドルの本質は人間のブランド化だと僕は考えています。ジャニーズの〝アイドル〟は、人間そのもののブランドでありながら、先達が苦労して作ってきた環境、つまり「道」を伝統として引き継ぎ、その時代に合わせて整備しながら、次の世代へと継承してきたのでしょう。

とすれば、日本のアイドル文化は、創造性とオリジナリティを備えたアートを目指していると言えるかもしれません。その中でも特にジャニーズのスタイルは何十年もの間、継承され続けて現在に至ります。

遡ればシェイクスピアの時代から、俳優を目当てに観劇に来る人はいたし、パトロンやタニマチとしてスポンサーになる人もいました。西洋ではオペラ歌手、日本では能や歌舞伎の役者もアイドルと言えるでしょう。逆説的に考えれば、世阿弥が活躍した１３００〜１４００年代には、既に日本にはいわばアイドル文化があったと考えることはできないでしょうか。

能舞台からサイエンスを感じる

伝統芸能も時代とともにアップデートされています。野村萬斎さん[*18]の狂言を観ると、アートとサイエンスを同時に感じます。萬斎さんのすごさは、自身が演者としてブランド的ともいえる存在感を示しているだけでなく、常に舞台をアップデートしようとしていることです。

ご本人にお会いした時に、今の時代で舞台を作る難しさについて質問してみました。すると、「西洋式の劇場では屋根がないから締まらない」とおっしゃっていました。

日本の能舞台には屋根があるので、所作が上から降ってくる感じになって締まるのだそうです。一方、西洋式の舞台には、大道具で作らない限り屋根はありません。そこで、西洋式の劇場で狂言を演じる時は、上下の空間づくりを意識するそうです。そんな話を聞いてから、ますます能の舞台に興味を持ちました。

後日、西本願寺[*19]で、普段は公開されていない能舞台を見る機会に恵まれました。そこでは能はサイエンスの表現であることを強く確信しました。たとえば、能舞台があるお堂の前には、白い砂が敷き詰められています。光を当てると照り返しでまぶしくて、観客の目の瞳孔は閉じてしまいます。それをお堂の後ろから観ることで、真っ暗なお堂と明るい敷石のコントラストによって、舞台が神々しく見える仕組みになっているのです。つまり、暗いところから明るいところを見ることで、瞳孔の仕組みによって明るさがより引き立つわけです。

さらにもう一つの能舞台では、声がよく響くように、平たい床石がランダムに波打つように敷き詰められていました。そこで声を発すると、音が波を打っているかのように響くのです。背景画に描かれた松も幹がなく、笠だけで松を表現しています。そういう抽象化された美しさにも、僕はアートとサイエンスの両輪が働いていることを感じます。

アートを鑑賞する時の入り口は、歌舞伎や能でもアイドルのコンサートでもよいのです。自分の好きなジャンルでよく観察して思考を巡らせてみましょう。そして、アートからサイエンスを感じ取る感覚を大事にしていると、自分なりのコンテクストがつかめてきます。

サービスの「説明型」と禅問答の「対話型」

僕が学びのコミュニケーションを考える上で参考にしているのが田原総一朗[*20]さんです。『朝まで生テレビ！』[*21]で司会の田原さんは、発言者の言葉を途中でスパッと切って、次の人に発言を回してしまうことがあります。テレビを見ている人たちは、「発言者が気の毒だ」「もっとあの人に話させてあげて」などと言いますが、僕はそう思っていません。

僕はその番組に出演した時、田原さんの仕切りが絶妙なのに感心してしまいました。彼ならではの典型的な仕切りのパターンがあるなと思ったのです。

まず、発言者が専門用語やカタカナ語で話し始めた時、あるいは「それには複雑な問題が……」とか、「いろんな問題が……」などと、具体的な話ではなくなった時、発言を切って次の人に回します。つまり、発言者の頭の中に発言のイメージがなくなった瞬間、それを察して次の人に発言を振るのです。これは番組の進行上、的確というだけでなく、学びの視点においても大事なことです。

相手に理解させようとするプロセスには、いくつかの方法があります。大きく分けると二つの考え方があるでしょう。

一つは「説明型」。相手の立場になって、客観性を持って、できるだけわかりやすく説明をし、理解させようとするやり方です。これは情報サービスにおいて必要な方法であり、教育においても、先生方が頑張って磨こうとしている指導技術でもあります。

もう一つは、「対話型」で、これは田原さんのようなアプローチです。まず、「ＡＩについては僕、何もわかりませんよ」と80代の目線でテーマを見ます。そして知らない単語があればすかさず質問します。時にはわからないことを利用して、見当違いと思われるような質問も投げかける。これはなかなかできないことです。

これは禅問答に近いやり方です。あえて説明はせずに質問する。簡単に答えに辿り着くことを良しとはせず、常に問いを前提とした対話のやりとりを続けることは、思考の修業にもなります。

「説明型」はサービス、「対話型」は禅問答と言えるかもしれません。説明型で学べばある程度の教養は身につきますが、対話型のプロセスを突破しない限りは博士にはなれません。大学の研究では、問いの答えを自分で見つけ、まだない価値を作るスタイルを習得しなければならないからです。

わかるまで教えてもらうことと、自分で答えを見つけること、この2つの間にはとても大きな差があります。だからといって、親が子供にいきなり〝禅問答〟をしても、すぐには成果に結びつきません。対話的に問いかけながら、同時に説明していくことも必要で、重要なのは〝説明〟と〝対話〟のバランスです。子供によっては説明型と対話型で向き不向きがあると思いますが、どちらもやってみるべきでしょう。

ロジックも感性も両立させる

学び続ける上で大切なのは、「自分は何かを知らない」ことを常に理解することです。今、自分が知っていることは絶対ではなく、他の人のほうが正しいことを言っているかもしれない、という前提に立って思考することです。自分の専門も含めて、どの分野に対しても「自分は何かを知らない」「だから、もっと学ぼう」という意識を持ち続けることです。

もう一つは、感性で感じたことをロジックで補正する時もあれば、ロジックで導いたことを感性で補正する必要もあると理解することです。

つまり、この第3章で解説した4つの要素を常に行き来し、それぞれを補完し合うのです。ある事柄について直感的に感じたことを、論理的かつ数式的に確かめてみると、その感覚が間違っていることもあります。逆に論理的だと思われても、直感的に、「ちょっと違うんじゃないの」と気になって検証してみると、その直感が当たっていることもあります。プログラムを作っていても、感覚的にちょっとおかしいという場合、確かめてみるとやはり間違っていたことは多々あります。

だからこそ「自分が正しい」と思っても、「自分は正しいと思うけど、間違ってるかもしれないから聞くね。君はこれ正しいと思う？」と問うことも必要です。

ロジックと感性のどちらも大事にしながら、それぞれで確認してみる習慣が必要で、その行為自体が学び続けることに結びつくとも言えます。そのためにも、観察を通じて感性を磨きながら、同時にロジックも身につけなければなりません。

観察の動機と習慣は、「自分はここがわからない」とか「自分のロジックはもしかしたら間違っているかもしれない」といった視点から生まれます。

「自分は何かを知らない」「間違っているかもしれない」という疑いを捨てないこと、そしてロジックと感性を行き来しながら考えること。その姿勢が、これから学び続ける上で重要になってきます。


先日、筑波大学の学長と経営者向けの授業を行った際に、「博士とは何ですか？」という質問を受けました。学長は、この前も同じ説明を経営者にしたんだけど、と前置きしながら「売れるラーメン屋を明日から始めろと言われたら、すぐに始められる人です」と答えていました。

これは大変おもしろい定義だと思います。

つまり〝博士〟とは、「ゼロから問題を設定して、その解決策を見いだし、実践できる人」ということです。別の言い方をすれば、答えのない問題を考え続けられる人です。

別の日に、エンジニアとディベロッパーの違いについて知人と話をしていたら、博士号を持っているかどうかの違いだと言っていました。エンジニアは博士号を持っていて、ディベロッパーは博士号を持っていない。彼流のレトリックかもしれませんが、つまり、エンジニアは社会の問題を見つけて解決する人であり、ディベロッパーはその解決をサポートする人ということを表現しているように思えます。

博士もエンジニアも、自ら問題を設定し、自ら考え続け、自ら解決できる人です。この〝自ら〟というのは、とても重要なキーワードです。それは近代教育の目指す標準化や均一化とは対をなす概念であり、人の〝多様性〟があって初めて〝自ら〟という発想が浮上してくるのです。

〈脱・近代〉とは〈多様性〉の時代でもあります。そして、〈多様性〉を支えるために、人は学び続けなければならない。それは「人生100年」と言われるこの時代を生き抜くための欠かせない力なのです。答えのない問いを立てながら、常に自分を内省し続けられる人が常に伸び続け、学び続けることのできる人材なのではないでしょうか。

＊1 **アカデミック・ライティング** 卒業論文や研究学術論文などの学術的な文章を、書く技術、書く行為、書いたものを指します。

＊2 **ニュートン** アイザック・ニュートン（1643〜1727年） 17世紀の、イングランドの天才的物理学者、数学者、自然哲学者、天文学者。万有引力の法則や、微分積分法を発見。

＊3 **世阿弥** （1363〜1443年） 室町時代の能役者、能作者。父の観阿弥の後を受けて、能の表現技法を飛躍的に高め、今日まで続く基礎を作りました。

＊4 **風姿花伝** 世阿弥によって1400年頃に書かれた能楽書。通称『花伝書』。

＊5 **スタビリティ** Stability 安定のこと。ここでは、体のバランスの安定感を表しています。

＊6 **データサイエンス** データの分析に関する学問分野。主に大量のデータから、何らかの意味のある情報、法則、関連性等を導き出します。またその処理の手法に関しても研究を行います。

＊7 **ディープラーニング** 人間の脳神経を模した、多層のニューラルネットワークを用いて、より正確で効率的な判断を実現させる機械学習手法。

＊8 **コンテクスト** Context 文脈、脈絡、状況。物事に関する背後関係。ここでは作品を鑑賞する時に、自分なりの文脈や背景をもって、作品に対峙するということを指しています。

＊9 **ドヴォルジャーク** アントニン・ドヴォルジャーク（1841〜1904年） 作曲家。後期ロマン派時代のチェコ国民楽派を代表する作曲家。代表作は交響曲第9番『新世界より』など。

＊10 **スラヴ舞曲第一番** スラヴ舞曲集は、ドヴォルジャークが作曲した舞曲集。当初はピアノ連弾として書かれましたが、その後、作曲家自身によって、管弦楽に編曲されました。第一番は4分の3拍子と、4分の2拍子が交互に入れ替わる「フリアント」というボヘミアの民族舞曲を基としています。

＊11 **ビゼー** ジョルジュ・ビゼー（1838〜1875年） 19世紀のフランスの作曲家。オペラを中心に活躍し、代表作に『アルルの女』など。

＊12 **カルメン** ビゼーによって作曲されたオペラ。真面目な兵士ホセと、自由な女、カルメンの悲しい恋物語。

＊13 **ハバネラ**　オペラ『カルメン』の劇中で歌われる、カルメンのアリア。この曲を歌って、カルメンはホセを誘惑します。『ハバネラ』とはキューバの民族舞曲の一形式。

＊14 **ミレー**　ジャン・フランソワ・ミレー（1814〜1875年）　19世紀のフランスの画家。バルビゾン派の代表画家の一人。大地とともに生きる農民の姿を描いた農民画で知られています。

＊15 **晩鐘**　ミレーによる1859年の絵画。パリ近郊の村バルビゾンのじゃがいも畑で、晩鐘を合図に、農民夫婦が祈りを捧げる様子を描いています。オルセー美術館所蔵。

＊16 **産業革命**　18世紀後半に英国で始まった、技術革新による、産業、経済、社会の大変革で、19世紀前半にはヨーロッパ各国に広がっていきました。機械設備を持つ大工場が設立され、大量生産が可能に。

＊17 **落穂拾い**　ミレーによる1857年の絵画。バルビゾンの麦畑で、農民が収穫後に落ちた穂を拾う姿を描いた作品。オルセー美術館所蔵。

＊18 **野村萬斎さん**　狂言方和泉流の能楽師。狂言以外にも俳優として、テレビ、映画、舞台などで活躍しています。2020年東京オリンピック・パラリンピックの演出を総合統括するチーフ・エグゼクティブ・クリエーティブ・ディレクターに就任。

＊19 **西本願寺**　西本願寺は、京都市下京区にある、浄土真宗本願寺派本山である龍谷山本願寺の通称。地元では『お西』とも呼ばれています。そこにある南能舞台は1694年に建立。現存する日本最大の能舞台で重要文化財。北能舞台は1581年に建立。日本最古の能舞台で国宝。7つの甕が埋められ、舞台の周囲には鴨川石が敷き詰められています。

＊20 **田原総一朗さん**　ジャーナリスト、評論家、ニュースキャスター。『朝まで生テレビ！』の司会をはじめ、テレビ、ラジオの出演が多数。『日本の戦争』（小学館文庫）などの著書があります。

＊21 **朝まで生テレビ！**　1987年にスタートした、政治関連を中心とする、テレビ朝日系の深夜放送の長寿討論番組。

エピローグ

ライフスタイルとして楽しむ学びから生まれるイノベーション

人生１００年時代は、人生に関わるさまざまなことが20世紀の標準的な生き方から劇的に変化する時代になるでしょう。もうすでに、工業生産と情報産業の分野でビジネスのルールは変化しつつあり、働き方や企業の在り方のみならず、学歴の作り方、研究の仕方など、すべての価値観が変わっていくでしょう。「何が正しいのか」という定義そのものも毎回違っているような世界になるので、誰かが言った正しいことを信じる人よりも、今この時代に正しいことは何かを考えられる人のほうが価値があります。起業家精神や研究的な考え方、社会貢献意識が重要と言われる理由は、アンテナの張り方にあるのかもしれません。

第3章で、自分は常に何かを知らないと思っていることが大切だと述べましたが、同様に、自分が正しいと思っていることは、次の日には変わっているかもしれないという意識も大事です。時代が変われば平衡点は変わる。格差社会といわれますが、ゲームの変化点にチャンスはつきものです。

そういった変化を追いかけ続けるには、日々、誰かの基準で自分は正しいか、間違っていないかを考えるのではなく、自分の基準をもって、考えはその時代に合っているか、自分のやっていることはこれからの時代に求められているかを考え、見極めるということです。

時間が経てば忘れ去られることもあるし、逆に、もう一度「いいね」と再評価されることもあります。時間的な連続性の中で、絶対に正しいものはないことを達観しながら、自分は何を学ぶべきか考え、自ら動ける人になろうということです。

情報が手に入りにくかった時代はそういった最新の動向を追いかけ続けること自体がコスト的に困難でした。

以前ならば自分から行動しようとする時は、当然リスクが伴っていました。

しかし、今は限界費用が限りなくゼロに近い社会になりつつある時代です。また、ピケティの言葉を借りれば、資本収益率と労働収益率のことを考えれば、投資家の側に回ったほうが強い時代です。これまでは、リスクを取らない安定志向の人間のほうが有利とされてきましたが、これからはリスクを取って、何かやってみようとする行為に、リスクがなくなってきています。

むしろリスクを取らないことのほうが、リスクが大きい場合も少なくありません。リスクを宣伝することで人は格差を作り上げてきましたが、今やリスクを取らないほうが安全であるという古い考え方にとらわれることのほうが危険なのです。

そういった教育を受けた人は、賢くなるほど、リスクを怖れて動こうとしなくなる傾向があります。賢くて、かつ動ける人はとても価値があるのですが、賢くなるとなぜか動くことをやめてしまうのです。その近代教育の中で培われた賢さゆえに、リスクを取ることのリスクを考えてしまうのかもしれませんが、これからの時代に生き残るためには、その戦略は古いと言わざるを得ません。むしろ、賢い人が何かを起こす社会にしていかなければならないと思っています。

たとえば、お金を借りて事業を興すのは、いずれ借りたお金を返さなければならない以上、リスクを抱えることだと考える人もいますが、返済義務のないお金の集め方もあるわけです。クラウドファンディングやエクイティで調達するなどやり方はいくらでもあります。つまり、リスクを取れる人たちが集まって、一緒に何をすべきかを考えながら動いてみるほうが、実はリスクがない生き方だと言えるのではないでしょうか。本気で時代に対応しようと動き続けることが価値の正しい使い方になりつつあります。

これからの長い人生を生きる人々は、水を飲みながら走るマラソンランナーのように学び続けなければなりません。その過程で失敗することも一つの学びであり、その失敗を挽回する時間もたくさんあります。最も価値のある学びとは、本気の挑戦の中にあるトライアンドエラーです。さらに専門知識を学び直すことは何才からでもできるし、そこで得た学びを生かしてまたチャレンジすることもできます。常に考え、学び続ける。その繰り返しが自分を更新することにつながり、新しい時代の一員として生きることになるのです。

僕は研究室の学生に、イノベーションはハードモードから始まり、いずれイージーモードに変わるとよく言っています。普通のゲームや教育の課程では、簡単なステップから始めて、少しずつ難易度の高いハードモードに移っていくことがよいとされますが、イノベーションは逆です。最初の山が一番高い。

なぜなら最初は資金体力もなく経験もなく、チームも小さいからです。失敗なしの成功などありえません。イノベーションを生むためには、そういった失敗の経験は必要不可欠なプロセスなのです。

失敗するのは当然ぐらいの感覚で、学び続けることをやめず、チャレンジすることを怖れずに生きていきましょう。チャレンジも、学びも、自分のライフスタイルとして楽しみながら継続していきましょう。その継続がブラッシュアップされれば、確率的に必ずイノベーションが生まれるはずなのです。

0才から100才まで――

僕はこういうマインドセットで、たとえハードワークでも物事を楽しんでやっていく自信があり、この国や社会にそういった空気を作っていきたいと考えているからこそ、今でも大学教員をしたり、経営をしたり、アーティストをしたり、メディアで発言したり、時代の空気を作りながら、教育のことを考えているのかもしれません。

0才《さい》から100才《さい》まで学《まな》び続《つづ》けなくてはならない時代《じだい》を生《い》きる
学《まな》ぶ人《ひと》と育《そだ》てる人《ひと》のための教科書《きょうかしょ》

2018年12月 4 日　初版第 1 刷発行
2018年12月30日　　第 2 刷発行
著　　者　落合陽一

発 行 人　森 万紀子
発 行 所　株式会社 小学館
〒101-8001　東京都千代田区一ツ橋 2-3-1
電話：編集　03-3230-5949／販売　03-5281-3555
D T P　株式会社昭和ブライト
印　　刷　凸版印刷株式会社
製　　本　牧製本印刷株式会社

イラスト　カナヘイ（表紙・扉・第 1 章アイコン）、北谷彩夏（第 3 章）
装　　丁　寄藤文平＋吉田考宏（文平銀座）
編集協力　出浦文絵
ヘアメイク　西川奈々（CINNAMON）
撮　　影　小倉雄一郎

販　　売　中山智子、平 響
宣　　伝　井本一郎
制　　作　松田雄一郎
資　　材　星 一枝
編　　集　矢島礼子

　ISBN-978-4-09-388645-1